みんなの日本語 初級II 第2版

Minna no Nihongo

初級で読めるトピック25

牧野昭子・澤田幸子・重川明美
田中よね・水野マリ子 [著]

スリーエーネットワーク

© 2001 by MAKINO Akiko, SAWADA Sachiko, SHIGEKAWA Akemi, TANAKA Yone, and MIZUNO Mariko

All rights reserved. No part of this publication may be reproduced, stored in a retrieval system, or transmitted in any form or by any means, electronic, mechanical, photocopying, recording, or otherwise, without the prior written permission of the Publisher.

Published by 3A Corporation.
Trusty Kojimachi Bldg., 2F, 4, Kojimachi 3-Chome, Chiyoda-ku, Tokyo 102-0083, Japan

ISBN978-4-88319-712-5 C0081

First published 2001
Second Edition 2016
Printed in Japan

はじめに

　わたしたちは日頃から文字や表示などを「読む」ことによって様々な情報を得ています。また、ことばを学習する際には、学習した内容を音声だけでなく文字で確かめることによって、より理解を深め、記憶を助け、効率的に学習することができます。このように、「読む」ことはたいへん重要な活動です。

　日本語の表記には漢字、ひらがな、かたかなの3種類の文字が使われているため、「読む」ことは難しいと感じ、消極的になっている方も多いでしょう。しかし、学習のごく初級の段階から「読む」練習を始めれば、次第に慣れてきます。また、読解が学習の中心となる中級以降の学習にもスムーズに入っていくことができます。

　この本は、「読む」ことに慣れ、「読む」楽しさを味わうことを目指して作りました。読み物の種類も、物語、解説文、メール、インタビュー、クイズ、アンケート、レシピ、俳句など様々なタイプの読み物を揃え、トピックも幅広く集めました。

　この本は『みんなの日本語　初級Ⅱ』の各課に対応しており、その学習項目に準拠して作ってあります。『みんなの日本語　初級Ⅱ』で学習していない語彙は別冊に訳を載せました。ほかの教科書で勉強している方ももちろん使えますので、「学習項目一覧」を参考に適当な読み物を選んでください。

　この本を活用して、「読む」おもしろさ、楽しさを経験してください。

２００１年４月　著者一同

　本書は『みんなの日本語　初級Ⅱ　第２版　本冊』の発行に伴い、語彙・文型の見直しを行い、第２版として発行するものです。

スリーエーネットワーク

この本の使い方

この本は、「本文」「プラスアルファ」で構成されています。

・**本文**

『みんなの日本語　初級Ⅱ　第2版』の第26課～第50課に対応しており、その学習項目に準拠した内容になっています。

1. まずタイトル（題）を読んで、何について書かれているか考えてみます。
2. 全体の文章を読みます。わからないことばがあったら、ことばの翻訳（別冊）を見てください。少しぐらいわからないところがあっても、気にしないで最後まで読みましょう。
3. 問題Ⅰをやり、解答（別冊）で答えを確かめます。まちがっていたら、もう一度読み直します。
4. さらに問題Ⅱの指示に従って、いろいろな活動をしてみましょう。
5. 読み物の内容をより深く理解するために資料がついているものもありますので、参考にしてください。

・**プラスアルファ**

第26、30、31、32、33、35、38、39、40、42、44、45、46、47、49、50課には本文のほかにプラスアルファのページがついています。メモ、データ、クイズ、アンケート、レシピ、俳句、あいさつ状などいろいろあります。余裕があったら、チャレンジしてみましょう。

Foreword

By means of reading letters, words and sentences, we acquire various types of information. Moreover, when learning new words, the process of studying not only includes confirming the pronunciation and meaning of those words, but can also involve aiding people to cultivate a greater understanding of the words, improving their memory, and even helping them study more efficiently. For all these reasons, reading is an extremely important activity.

Because Japanese writing is made up of three types of letters — kanji, hiragana and katakana — reading Japanese can seem difficult, and many people want to give up before they have even begun. However, if you start practicing reading from the very beginning of your Japanese studies, you will gradually become used to it. It will also help you to smoothly advance to the intermediate level, at which stage much more emphasis is placed on reading comprehension.

This book has been made with the aim of allowing people not only to become used to reading Japanese but also to enjoy it. With this in mind, a great number of topics as well as a variety of reading materials, ranging from stories, explanations, e-mail and interviews to quizzes, questionnaires, recipes and haiku, have been included in the book.

The book closely follows the material in the individual lessons of *Minna no Nihongo II*. Any words not found in *Minna no Nihongo II* can be located in the Vocabulary List at the back of the book. This book can also be used by students using other textbooks. Simply refer to the study items list to find the most appropriate reading material.

We hope that by using this book reading Japanese will become an interesting and enjoyable experience for everyone.

The authors
April 2001

With the publication of *Minna no Nihongo Shokyu II Second Edition Main Text*, the vocabulary and grammar in this book have been revised and the book now published as a Second Edition.

3A Corporation

How to use this book

This book is made up of two main parts: Main Text and Plus Alpha.

- **Main Text**

    Corresponding to Chapters 26 to 50 of *Minna no Nihongo Shokyu II Second Edition*, the Main Text covers all the items to be learned in those lessons. Use this part of the book in the following manner:
    1. First of all, read the title and think about what the passage concerns.
    2. Read the main body of the text. If there are any words you do not understand, look them up in the attached Vocabulary List. Even if there are parts you do not understand, try to read to the end of the text.
    3. Do Exercise I and check your answers in the attached Answer Book. If you find you have made a mistake, try to do the exercise in question again.
    4. Following the instructions, do the activities outlined in Exercise II.
    5. Some data accompany the reading passages to help you completely understand the contents. Be sure to refer to this material.

- **Plus Alpha**

    In Chapters 26, 30, 31, 32, 33, 35, 38, 39, 40, 42, 44, 45, 46, 47, 49, and 50, there is also a Plus Alpha page. Here you will find various types of reading material such as memos, data, quizzes, questionnaires, recipes, haiku, greeting cards, etc. If you have the time, please try these.

Kata Pengantar

Kita selalu mendapatkan berbagai informasi dengan "membaca" huruf, petunjuk dan lain-lain. Kemudian ketika mempelajari bahasa dengan mengkonfirmasikan isi yang telah dipelajari tidak hanya dengan suara, tetapi juga dengan huruf-huruf, memperdalam pengertian, membantu ingatan, dan akhirnya bisa mempelajarinya secara efektif. Dengan demikian "membaca" adalah kegiatan yang sangat penting.

Untuk menulis bahasa Jepang dipakai tiga jenis huruf yaitu *Kanji*, *Hiragana*, dan *Katakana*. Oleh karena itu tidak sedikit orang yang merasa bahwa "membaca" adalah hal sulit dan menjadi pasif. Tetapi jika sejak pertama kali belajar memulai latihan "membaca", maka sedikit demi sedikit akan menjadi terbiasa. Kemudian pelajar juga dapat melanjutkan dengan lancar ke tingkat menengah dan lanjutan, dimana membaca adalah sebagai pusat pelajaran.

Buku ini disusun agar pelajar terbiasa dengan "membaca" dan menikmati senangnya "membaca". Terdapat jenis bacaan mulai dari cerita, ulasan, *e-mail*, interviu, kuis, angket, resep, *Haiku* dan lain-lain yang disajikan dalam bacaan, topiknya juga dikumpulkan secara luas.

Buku ini berhubungan dengan setiap pelajaran "Minna no Nihongo Tingkat Dasar II" dan berdasarkan atas poin-poin pelajarannya. Kosa kata yang tidak dipelajari pada "Minna no Nihongo Tingkat Dasar II" dimuat di dalam buku terjemahan. Bagi orang-orang yang mempelajari dengan buku lain tentu saja dapat menggunakan maka pilihlah bacaan yang tepat sambil mereferensikan "Lampiran Poin Pelajaran".

Silakan menggunakan buku ini agar menikmati pengalaman "membaca" yang menyenangkan.

Penulis
April 2001

Buku ini sesuai dengan terbitnya "Buku Induk Minna no Nihongo Tingkat Dasar II Versi 2", mengevaluasi kosa kata dan pola kalimat kemudian menerbitkan sebagai versi 2.

3A Corporation

Cara Penggunaan Buku Ini

Buku ini terdiri dari " Teks" dan "Latihan Tambahan".

· **Teks**

Isinya disesuaikan dengan Pelajaran 26 sampai Pelajaran 50 dari "Minna no Nihongo Tingkat Dasar II Versi 2", yang berdasarkan atas isi dari poin-poin pelajaran tersebut.
1. Pertama-tama membaca judul, kemudian memikirkan apa yang ditulis.
2. Membaca keseluruhan. Jika terdapat hal yang kurang mengerti, silakan lihat terjemahan kata (Lampiran). Tidak perlu dipikirkan jika ada hal yang sedikit kurang mengerti, tetapi bacalah sampai akhir.
3. Mengerjakan Latihan I, kemudian mengecek jawaban pada kunci jawaban (Lampiran). Jika salah, bacalah sekali lagi.
4. Selanjutnya mengikuti petunjuk Latihan II, dan lakukanlah berbagai aktifitas.
5. Silakan gunakan data yang terdapat untuk memahami isi bacaan lebih dalam.

· **Latihan Tambahan**

Selain Teks, pada Pelajaran 26, 30, 31, 32, 33, 35, 38, 39, 40, 42, 44, 45, 46, 47, 49 dan 50 disajikan halaman untuk Latihan Tambahan. Isinya adalah berbagai catatan, data, kuis, angket, resep, *Haiku*, kartu ucapan salam dan lain-lain. Silakan coba jika sanggup.

คำนำ

"การอ่าน" สิ่งต่าง ๆ ไม่ว่าจะเป็นตัวอักษร คำศัพท์ หรือประโยค ทำให้เราได้รับข้อมูลข่าวสารต่าง ๆ เสมอ การเรียนคำศัพท์ไม่ใช่แค่เรียนการออกเสียงเท่านั้น แต่การเรียนโดยทำความเข้าใจความหมายจะช่วยให้เข้าใจคำศัพท์นั้นได้ลึกซึ้งขึ้น ช่วยพัฒนาความจำ และส่งผลให้การเรียนเกิดประสิทธิภาพ ด้วยเหตุนี้ การอ่านจึงเป็นทักษะที่สำคัญอย่างยิ่งในการเรียน

เนื่องจากระบบการเขียนภาษาญี่ปุ่นใช้ตัวอักษรถึง 3 ประเภท คือ คันจิ ฮิรางานะ และคาตากานะ จึงอาจมีผู้เรียนหลายท่านรู้สึกว่าการอ่านภาษาญี่ปุ่นเป็นเรื่องยากและรู้สึกท้อถอย แต่หากเริ่มฝึกฝนการอ่านตั้งแต่เนิ่น ๆ ในการเรียนระดับต้น ก็จะค่อย ๆ คุ้นเคยกับการอ่านมากขึ้นเรื่อย ๆ ยิ่งไปกว่านั้น เมื่อผู้เรียนจะปรับระดับการเรียนไปสู่ระดับที่สูงขึ้นซึ่งเน้นการอ่านทำความเข้าใจเป็นหลัก การฝึกฝนการอ่านตั้งแต่เนิ่น ๆ ก็จะช่วยให้การเรียนต่อในระดับที่สูงขึ้นเป็นไปอย่างราบรื่นด้วย

แบบเรียนเล่มนี้เขียนขึ้นโดยมีวัตถุประสงค์เพื่อให้ผู้เรียนคุ้นเคยและรู้สึกสนุกสนานกับการอ่าน ผู้เรียนจะได้ฝึกอ่านบทอ่านหลากหลายประเภทซึ่งครอบคลุมหลายหัวข้อ เช่น นิทาน คำอธิบายสิ่งต่าง ๆ อีเมล บทสัมภาษณ์ ควิซ แบบสอบถาม สูตรอาหาร กลอนไฮกุ เป็นต้น

แบบเรียนเล่มนี้สอดรับกับเนื้อหาแต่ละบทในตำรา Minna no Nihongo Shokyu II ผู้เรียนสามารถค้นหาคำศัพท์ที่ไม่ปรากฏในตำรา Minna no Nihongo Shokyu II ได้จาก 'คำแปลคำศัพท์' ซึ่งพิมพ์เป็นเล่มแยกอยู่ท้ายเล่ม ผู้เรียนที่เรียนภาษาญี่ปุ่นโดยใช้ตำราอื่นก็สามารถใช้แบบเรียนเล่มนี้ประกอบการเรียนได้โดยเลือกบทอ่านที่เหมาะสมจาก 'ตารางสรุปหัวข้อ ที่ศึกษา'

ขอให้ทุกท่านได้รับประสบการณ์ที่สนุกสนานและเพลิดเพลินจากการอ่านภาษาญี่ปุ่นในแบบเรียนเล่มนี้

คณะผู้เขียน
เมษายน 2001

แบบเรียนเล่มนี้เป็นฉบับปรับปรุง โดยจัดพิมพ์ควบคู่กับตำรา Minna no Nihongo Shokyu II Second Edition Main Text คำศัพท์และรูปประโยคในแบบเรียนเล่มนี้ได้รับการปรับปรุงแก้ไขแล้ว

3A Corporation

วิธีใช้แบบเรียนเล่มนี้

แบบเรียนเล่มนี้ประกอบด้วย "บทอ่านหลัก" และ "พลัสอัลฟา"

- **บทอ่านหลัก**

  เนื้อหาในส่วนนี้จะสอดคล้องกับเนื้อหาบทที่ 26-50 ของตำรา Minna no Nihongo Shokyu II Second Edition ขั้นตอนการศึกษาเนื้อหาในส่วนนี้เป็นลำดับดังนี้

  1. อ่านชื่อบทอ่านเป็นอย่างแรก และพิจารณาว่าบทอ่านจะเกี่ยวข้องกับเรื่องอะไร
  2. อ่านบทอ่านทั้งหมด ถ้ามีคำศัพท์ที่ไม่เข้าใจให้ดูใน 'คำแปลคำศัพท์' (เล่มแยก) และแม้ว่าจะอ่านเจอจุดที่ไม่เข้าใจแม้เพียงเล็กน้อย ก็อย่าเพิ่งกังวลและพยายามอ่านต่อจนจบ
  3. ทำ 'แบบฝึกหัด I' แล้วตรวจคำตอบจาก 'เฉลย' (เล่มแยก) หากมีข้อที่ทำผิด ให้อ่านบทอ่านใหม่อีกครั้ง
  4. ลองทำกิจกรรมต่าง ๆ ตามคำสั่งใน 'แบบฝึกหัด II'
  5. บทอ่านบางบทจะมีข้อมูลอ้างอิงเพื่อช่วยให้เข้าใจเนื้อหาในบทอ่านอย่างถ่องแท้ ดังนั้นโปรดใช้ข้อมูลนั้นประกอบการอ่านด้วย

- **พลัสอัลฟา**

  สำหรับบทที่ 26, 30, 31, 32, 33, 35, 38, 39, 40, 42, 44, 45, 46, 47, 49 และ 50 นอกจากบทอ่านหลักแล้ว จะมีพลัสอัลฟาซึ่งเป็นแบบฝึกอ่านเพิ่มเติมรูปแบบต่าง ๆ ด้วย เช่น โน้ตฝากข้อความ ข้อมูลต่าง ๆ ควิซ แบบสอบถาม สูตรอาหาร กลอนไฮกุ บัตรอวยพร เป็นต้น หากผู้เรียนมีเวลาโปรดลองทำดู

Lời nói đầu

Trong cuộc sống hàng ngày, chúng ta tiếp nhận nhiều thông tin khác nhau thông qua việc "đọc" chữ hay kí hiệu, v.v.. Và khi học ngôn ngữ, thông qua việc xác nhận lại nội dung không chỉ bằng phát âm mà bằng cả chữ viết sẽ giúp chúng ta hiểu sâu hơn, nhớ tốt hơn và học tập hiệu quả hơn. Theo cách đó, việc "đọc" là một hoạt động hết sức quan trọng.

Trong hệ thống chữ viết tiếng Nhật có sử dụng 3 loại kí tự là chữ Hán, chữ Hiragana và Katakana nên có lẽ vì vậy mà nhiều người cảm thấy khó khăn trong việc "đọc" và trở nên thiếu tích cực. Thế nhưng, nếu chúng ta bắt đầu việc luyện "đọc" ngay từ giai đoạn sơ cấp thì dần dần sẽ trở thành thói quen. Và có thể dễ dàng tiến lên học trình độ trung cấp trở đi, nơi mà việc đọc hiểu giữ vài trò trọng tâm.

Cuốn sách này được biên soạn với mục đích giúp người học quen với việc "đọc" và cảm nhận được niềm vui của việc "đọc". Các thể loại bài đọc cũng rất phong phú và đa dạng như truyện cổ tích, bài bình luận, e-mail, bài phỏng vấn, câu đố, phiếu khảo sát, công thức làm món ăn, thơ Haiku, v.v. và chủ đề nêu ra cũng hết sức rộng.

Cuốn sách này được biên soạn theo các nội dung của các bài học trong cuốn "Minna no Nihongo Sơ cấp II". Những từ vựng không có mặt trong "Minna no Nihongo Sơ cấp II" được dịch nghĩa và in ở tập Phụ lục đính kèm. Những bạn đọc sử dụng giáo trình học khác tất nhiên cũng có thể sử dụng cuốn sách này nên các bạn hãy tham khảo phần "Danh sách các nội dung học" và chọn những bài đọc thích hợp.

Xin mời các bạn dùng cuốn sách này để trải nghiệm được niềm vui và sự thú vị của việc "đọc"!

Tháng 4 năm 2001
Nhóm tác giả

Cuốn sách này là tập in được phát hành lần thứ hai cùng với cuốn "Minna no Nihongo Sơ cấp II xuất bản lần thứ hai, Bản chính", có chỉnh sửa phần từ vựng và mẫu câu.

3A Corporation

Cách sử dụng cuốn sách

Cuốn sách này bao gồm phần *bài đọc chính và phần phần tăng cường*.

· BÀI ĐỌC CHÍNH

Nội dung của bài đọc được xây dựng dựa theo các nội dung học tập tương ứng với Bài 26 ~ Bài 50 của cuốn "Minna no Nihongo Sơ cấp II Phiên bản 2".

1. Trước tiên là đọc tiêu đề rồi thử đoán xem bài đọc sẽ viết về cái gì.
2. Đọc toàn bộ bài đọc. Nếu có từ nào không hiểu thì bạn hãy tra nghĩa của từ (Phần phụ lục). Cho dù có chỗ bạn chưa hiểu lắm thì bạn cũng đừng bận tâm mà hãy tiếp đục đọc đến hết bài.
3. Làm phần bài tập I, kiểm tra lại câu trả lời ở phần đáp án bài tập (Phần phụ lục). Nếu bị sai thì đọc lại bài một lần nữa.
4. Tiếp theo, tuân theo các chỉ thị của phần bài tập II để thực hiện nhiều hoạt động khác nhau.
5. Hãy tham khảo cả những tài kiệu kèm theo cuốn sách để hiểu sâu hơn về nội dung của bài đọc.

· PHẦN TĂNG CƯỜNG

Ở các bài 26, 30, 31, 32, 33, 35, 38, 39, 40, 42, 44, 45, 46, 47, 49, 50 ngoài phần *bài đọc chính* còn có thêm cả trang *phần tăng cường*. Có rất nhiều thể loại như bản ghi chép, dữ liệu, câu đố, phiếu khảo sát, công thức làm món ăn, thơ Haiku, thư thăm hỏi, v.v.. Nếu có điều kiện, các bạn hãy thử làm nhé!

前言

平时，我们是通过"阅读"文字、标记等来获得各种信息的。当我们学习语言的时候，不仅仅是通过声音，而且还可以用文字加以确认，以此来加深理解和帮助记忆所学的内容，提高学习效率。由此可见，"阅读"在学习语言的过程中，起着非常重要的作用。

由于日语中有汉字、平假名、片假名三种书写方式，很多人认为"阅读"是一件很难的事情，因此常常采取消极的态度。但是，只要在初级阶段就开始练习"阅读"的话，就会逐渐习惯，同时，这将有助于学习者顺利地进入以阅读和理解为中心的中级阶段。

本书是以习惯"阅读"，体验"阅读"的乐趣为目的而编写的教材。本书收集有从故事、解说、（电子）邮件、采访、考问、问卷调查、烹饪方法、俳句等各种类型的读物，可谓内容丰富，话题广泛。

本书是对应《みんなの日本語 初級Ⅱ》的每篇课文，按照其学习项目编写而成的。没有在《みんなの日本語 初級Ⅱ》出现过的词汇写进了附册里。使用其他教材的学习者当然也可参照"学习项目一览"选择适当的文章阅读。

希望通过学习本书，体验"阅读"的乐趣。

编者
2001年4月

此次，随着《みんなの日本語 初級Ⅱ 第2版 本冊》的发行，本书在对词汇、句型进行了重新编写整理后，作为第2版再次发行。

3A股份有限公司

本书的使用方法

本书由「课文」「补充读物」构成。

・课文

　　该部分与《みんなの日本語 初級Ⅱ 第2版》第26课～第50课的课文内容相对应，其内容是按照学习项目编排的。

1. 首先，阅读题目，然后想一想课文是由什么内容组成的。
2. 阅读整篇文章。如有不懂的单词，请参照词汇表（附册）。即使有一些不懂之处，也没关系，希望坚持看到最后。
3. 作完问题Ⅰ后，对答案（参照附册）。如有错处，请重看一遍课文。
4. 另外，请按照问题Ⅱ的要求，做各种练习。
5. 为了使学习者更好地理解文章内容，我们附加了一些参考资料，请作参考。

・补充读物

　　第26、30、31、32、33、35、38、39、40、42、44、45、46、47、49、50课，除了课文以外，还增加了补充读物。内容有留言、资料、考问、问卷调查、烹饪方法、俳句、问候信函等等。如有时间，不妨试一试。

머리말

우리들은 평소에 문자나 표기 등을 읽어 여러 가지 정보를 얻습니다. 언어를 배울 때에는 학습한 내용을 음성만이 아닌 문자로도 확인한다면 내용을 더 깊이 이해 할 수 있고 암기에도 도움이 되는 등「읽기」는 효율적인 학습을 위해 매우 중요한 역할을 합니다.

일본어는 한자, 히라가나, 가타카나 세 가지 문자로 표기하기 때문에「읽기」를 어렵다고 느껴 소홀히 여기는 분들이 많은 듯 합니다. 그러나 학습의 초급 단계부터 「읽기」연습을 시작하면 차차 익숙해져, 독해가 학습의 중심인 중급 이후의 학습에도 큰 도움이 됩니다.

이 책은「읽기」에 익숙해지고「읽기」의 즐거움을 느끼게 하는 것을 목표로 편집되었습니다. 문장의 종류도 설화, 해설문, 메일, 인터뷰, 퀴즈, 앙케이트, 레시피, 일본 고유의 단시(俳句) 등 다양한 형태의 읽을 거리로 구성되어 있고, 토픽도 폭넓게 선택하였습니다.

이 책은『みんなの日本語 初級Ⅱ』의 각 과에 대응되며 그 학습 항목에 준거하여 편집하였습니다.『みんなの日本語 初級Ⅱ』에서 배우지 않은 어휘는 별책에 그 번역을 실었습니다. 물론 다른 교과서를 가지고 공부하는 분들도 이 책을 사용하실 수 있으므로「학습 항목 일람」를 참고하여 적당한 내용을 선택하기 바랍니다.

이 책을 통해「읽기」의 재미와 즐거움을 체험해 보기 바랍니다.

2001년 4월
저자일동

이 책은『みんなの日本語 初級Ⅱ 第2版 本冊』의 발행과 더불어, 어휘・문형을 수정하여 제2판으로 발행한 것입니다.

スリーエーネットワーク

이 책의 사용법

이 책은 본문 그리고「플러스 알파」로 구성되어 있습니다.

・본문
『みんなの日本語 初級Ⅱ 第2版』의 제26과부터 제50과까지와 대응되고, 그 내용도『みんなの日本語 初級Ⅱ 第2版』학습항목에 준한 내용으로 구성되어 있습니다.
학습순서는 :
1. 먼저 제목을 보고 무슨 내용인가 생각해 봅니다.
2. 그리고는 전체 문장을 읽어봅니다. 모르는 단어가 있으면 별책의 어휘 번역을 참고하시고 조금 모르는 부분이 있어도 개의치 말고 마지막까지 읽어나갑니다.
3. 다음은 문제Ⅰ을 풀어보고 별책의 해답과 대조해 봅니다. 틀렸으면 다시 한 번 본문을 읽어 봅니다.
4. 계속해서 문제Ⅱ의 지시에 따라 여러 가지 연습을 해 봅니다.
5. 본문을 보다 깊이 이해할 수 있도록 자료를 첨부한 곳도 있으니 참고하기 바랍니다.

・플러스 알파
제26, 30, 31, 32, 33, 35, 38, 39, 40, 42, 44, 45, 46, 47, 49, 50과에는 본문 외에 플러스 알파 페이지가 첨가되어 있습니다. 메모, 데이터, 퀴즈, 앙케이트, 레시피, 일본 고유의 단시 (俳句), 인사카드 등 다양한 내용이 있으므로 여유가 있으면 도전해 보기 바랍니다.

目 次
もくじ

学習項目一覧 ……………………………………………… 1

第26課	本文	宇宙ステーションの生活はどうですか ……	4
	プラスアルファ	クイズ 宇宙 …………………………………	6
第27課	本文	忍者 …………………………………………	8
第28課	本文	昼ごはんはどこで？ 何を？ ………………	10
第29課	本文	わたしの失敗 ………………………………	12
第30課	本文	日本でいちばん ……………………………	14
	プラスアルファ	伝言メモ ……………………………………	16
第31課	本文	1月1日 ………………………………………	18
	プラスアルファ	あなたは何年生まれ？ ……………………	20
第32課	本文	桜とお花見 …………………………………	22
	プラスアルファ	お花見 ………………………………………	24
第33課	本文	大声大会 ……………………………………	26
	プラスアルファ	こんな人にこのことば ……………………	28
第34課	本文	あなたの国では？ …………………………	30
第35課	本文	自動販売機 …………………………………	32
	プラスアルファ	ほんとうに自動販売機で売っているの？…	35
第36課	本文	動物の目 ……………………………………	36
第37課	本文	55年かかってゴールインした日本人選手 …	38
第38課	本文	消したいもの ………………………………	42
	プラスアルファ	迷惑なことは？ ……………………………	44
		なぞなぞ ……………………………………	45
第39課	本文	万次郎 ………………………………………	46
	プラスアルファ	読みましたか・見ましたか・聞きましたか…	49

第40課	本文	常識	50
	プラスアルファ	だれでもできて健康にいい習慣、教えます	52
		健康チェック	53
第41課	本文	ロボットといっしょ	54
第42課	本文	肉を食べると	56
	プラスアルファ	地球はどうなる？	58
		あなたのエコロジー度は？	59
第43課	本文	お元気ですか	60
第44課	本文	カレー	64
	プラスアルファ	料理教室	67
第45課	本文	119番に電話をかける	68
	プラスアルファ	危ない！	70
第46課	本文	いとこの長靴	72
	プラスアルファ	俳句	74
第47課	本文	空を飛ぶ自動車	76
	プラスアルファ	ほんとうにあるのは？	78
第48課	本文	竹取物語	80
第49課	本文	人生	84
	プラスアルファ	あいさつ状	87
第50課	本文	紫式部に聞く	88
	プラスアルファ	お会いできて、うれしいです	91

学習項目一覧
がくしゅうこうもくいちらん

課 (か)	題 (だい)	学習項目 (がくしゅうこうもく)
第26課	宇宙ステーションの生活はどうですか クイズ　宇宙	～んです
第27課	忍者	可能動詞 見えます・聞こえます
第28課	昼ごはんはどこで？　何を？	～ながら ～ています ～し、～し
第29課	わたしの失敗	（自動詞）ています ～てしまいました
第30課	日本でいちばん 伝言メモ	（他動詞）てあります ～ておきます
第31課	1月1日 あなたは何年生まれ？	（意向形）と思っています ～つもりです
第32課	桜とお花見 お花見	～たほうがいいです ～でしょう ～かもしれません
第33課	大声大会 こんな人にこのことば	命令形、禁止形 ～という意味です
第34課	あなたの国では？	～とおりに ～て/ないで～
第35課	自動販売機 ほんとうに自動販売機で売っているの？	～ば
第36課	動物の目	～ように ～ようになりました
第37課	55年かかってゴールインした日本人選手	受身

第38課	消したいもの 迷惑なことは？ なぞなぞ	～のは ～のが
第39課	万次郎 読みましたか・見ましたか・聞きましたか	～て・～で（原因・理由） ～ので
第40課	常識 だれでもできて健康にいい習慣、教えます 健康チェック	～か ～かどうか ～てみます
第41課	ロボットといっしょ	～てやります
第42課	肉を食べると 地球はどうなる？ あなたのエコロジー度は？	～ために（目的） ～のに（目的）
第43課	お元気ですか	～そうです（様態） ～て来ます
第44課	カレー 料理教室	～すぎます ～やすいです ～にします
第45課	119番に電話をかける 危ない！	～場合（は） ～のに（逆接）
第46課	いとこの長靴 俳句	～ところです ～ばかりです ～はずです
第47課	空を飛ぶ自動車 ほんとうにあるのは？	～そうです（伝聞） ～ようです
第48課	竹取物語	使役
第49課	人生 あいさつ状	尊敬語

第50課	紫式部に聞く	謙譲語
	お会いできて、うれしいです	

第26課 本文

宇宙ステーションの生活はどうですか

―― 宇宙ステーションはどこにあるんですか。

地球から400キロ上を飛んでいます。

―― えっ？　ステーションが飛んでいるんですか。

はい。90分で1回地球を回っています。1日に16回朝と夜が来るんですよ。

―― じゃ、寝る時間や起きる時間はどうやってわかるんですか。

グリニッジ標準時を使っています。

―― どうして宇宙ステーションの中ではいつも「泳いで」いるんですか。

宇宙は重力がありませんから、歩くことができないんです。

―― いつも宇宙服を着ているんですか。

いいえ。宇宙服はステーションの外に出て仕事をするとき、着ます。ステーションの中では普通の服を着ています。

―― 服は洗濯するんですか。

いいえ。宇宙では水が大切ですから、洗濯しません。4、5日着て、捨てます。

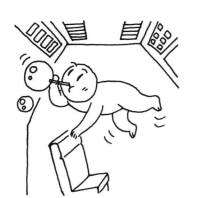

―― 水も地球から運んでいるんですか。

はい。でも、水は重いですから、たくさん運ぶことができません。ですから、わたしたちのおしっこから水を作っています。飲むこともできるんですよ。

——リサイクルですね。じゃ、おふろは?

ありません。もちろんシャワーもありません。代わりに体をふきます。

——雑誌で読んだんですが、宇宙で生活すると、背が高くなるんですか。

ええ、宇宙では、1〜7センチ高くなります。しかし、地球へ帰ったら、まえと同じになります。

——10年宇宙にいたら、どうなるんですか。

まだ、わかりません。今、研究しています。

(参考:JAXA 宇宙航空研究開発機構HP)

I 正しいものに〇、正しくないものに×を書いてください。
   1)(　) 宇宙では暗くなったら寝て、明るくなったら起きる。
   2)(　) ステーションではおふろに入ったり、洗濯したりすることができない。
   3)(　) ステーションで使う水は全部地球から運んでいる。
   4)(　) 宇宙から帰ると、背が高くなる。

II 1. どうして宇宙で背が高くなると思いますか。

   2. 宇宙に10年いたら、どうなると思いますか。

第26課 プラスアルファ

クイズ 宇宙

1. 地球から宇宙ステーションまでどのくらいかかりますか。
   ①6か月　　　　②6日　　　　③6時間

2. 地球を90分で回る宇宙ステーションは時速何キロで飛んでいますか。
   ①28,000 km/h　　②2,800 km/h　　③280 km/h

3. 宇宙ステーションの大きさ（広さ）はどのくらいですか。
   ①サッカー場ぐらい　　　②東京ディズニーランドぐらい
   ③ジャンボジェット機ぐらい

4. コップ1杯の水を宇宙に運びます。いくらかかりますか。
   ①3～4万円　　②30～40万円　　③300～400万円

5. 宇宙服は何キロありますか。
   ①120 kg　　　②12 kg　　　③1,200 kg

6. 宇宙ステーションに何人住むことができますか。
   ①100人　　　②20人　　　③6人

7. 宇宙には空気がありません。空気がなかったら、どうなりますか。
   ①人や物が空中に浮く　　　②人の顔が丸くなる
   ③音が聞こえない

8. 次の人で、宇宙飛行士はどの人ですか。
　　①ガリレオ　　　　②ガガーリン　　　　③アインシュタイン

9. 世界で初めて月へ行った人はどこの国の人ですか。
　　①ロシア　　　　　②ドイツ　　　　　　③アメリカ

第27課 本文

忍者

　忍者は昔のスパイだ。忍者は厳しい訓練をしたから、いろいろなことができた。スポーツの選手と同じだ。とても速く歩いたり、走ったりすることができた。高い壁を登ることや長い時間水の中にいることもできた。目や耳がよかったから、遠い所がよく見えた。小さい音でもよく聞こえた。

　映画やマンガでは時々おもしろいまちがいがある。映画やマンガの忍者は水の上を歩いたり、空を飛んだりしている。でも、実際は無理だ。忍者はとても速く動いたり、いろいろな道具を使ったりした。それで、普通の人ができないことができたのだ。

　滋賀県や三重県には昔、忍者が住んでいたうちがある。うちの中にはいろいろおもしろい物がある。部屋の壁の前に立つと、壁が回転して、人が消える。小さい秘密の部屋から隣や下の部屋の中が見られる。忍者が使ったいろいろな道具もある。

　でも、今、忍者には会えない。残念だ。

I　1. 正しいものに○、正しくないものに×を書いてください。
　　1)（　）忍者はスパイの仕事をしました。
　　2)（　）忍者は普通の人より目や耳がよかったです。
　　3)（　）忍者は水の上を歩いたり、空を飛んだりすることができました。
　　4)（　）忍者のうちに今も忍者が住んでいます。

　2. 答えてください。
　　1) 忍者はどんなことができましたか。

2) どうして忍者はいろいろなことができましたか。

Ⅱ　忍者の映画やマンガを見たことがありますか。どうでしたか。

忍者教室

1. 忍者のうち

2. 忍者の訓練

①水をまいた紙の上を走る。
　紙を破ってはいけない。

②１時間に20kmぐらい走る。
　肩に10mぐらいのひもをつける。
　ひもが下についてはいけない。

③麻を植える。毎日その上を跳ぶ。
　麻はだんだん大きくなって、
　３mぐらいになる。

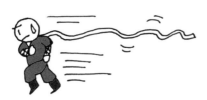

（参考図書：名和弓雄他監修『忍術・手品のひみつ　新訂版』学習研究社）

第28課 本文

昼ごはんはどこで？ 何を？

昼ごはんについていろいろな人に聞きました。

《中村正さん　会社員》

たいてい社員食堂で食べています。安いし、それにメニューを見ると、料理のカロリーがわかるんです。実は去年こちらに転勤して、今、一人で住んでいますから、晩ごはんはほとんど外食なんです。ですから、昼ごはんは社員食堂で、栄養やカロリーを考えて、体にいい物を選んで食べています。

焼肉定食
450円　778 kcal

《岡本洋子さん　主婦》

昼ごはんはたいてい一人でテレビを見ながら食べています。きょうはきのうの晩ごはんのすき焼きがありましたから、それを食べました。

今、1週間に1回、ダンス教室に通っています。その日は友達と教室の近くのレストランで食べます。わたしはいつも1,500円の日替わりランチです。ちょっと高いけど、おいしいし、静かだし、サービスもいいし……。みんなでおしゃべりしながら食べます。

《チャンさん　日本語学校の学生》

いつも学校の近くの弁当屋で弁当を買っています。メニューも多いし、あまり高くないし、それにおかずもごはんも温かいですから。味もまあまあです。日本の食べ物はちょっと甘いですが、もう慣れました。教室で友達と食べます。

《山本元太君　小学1年生》

　教室で給食を食べます。みんないっしょに大きい声で「いただきます」と言ってから、食べます。先生はいつも「よくかみましょう。嫌いな物も食べましょう」と言います。でも、僕は嫌いなおかずは友達にあげます。給食で、カレーがいちばん好きです。

I　どこで昼ごはんを食べますか。何を食べますか。どうしてですか。

	どこで	何を	どうして
中村正さん	①		②
岡本洋子さん（ダンス教室の日）	③	④	⑤
チャンさん	⑥	⑦	⑧
山本元太君	⑨	⑩	

II　あなたの国で、次の人はどこで昼ごはんを食べますか。
　1）会社員　　2）主婦　　3）小学生　　4）大学生

第29課 本文

わたしの失敗

わたしは先週友達のうちへ遊びに行きました。大阪駅で来た電車にすぐ乗りました。友達はうちの近くの駅で待っていると言いました。でも、わたしが乗った電車はその駅を通り過ぎてしまいました。それは特急電車でした。京都までどこにも止まりませんでした。わたしはもう一度大阪へ行く電車に乗りました。友達は駅で2時間待っていてくれました。うれしかったです。

ライトさん

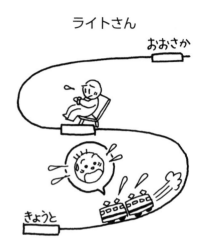

先週日本人のうちにホームステイしました。晩ごはんのあとで、お母さんが「おふろ、どうぞ」と言ってくれました。日本のおふろは初めてでした。バスタブは大きくて、お湯がたくさん入っていました。お湯は少し熱かったです。

ジョンさん

お湯の中でゆっくり体を洗いました。そして汚れたお湯を全部捨てました。次にお父さんがふろ場へ行きました。「あれ？お湯が入っていない。」お父さんはびっくりしました。日本のおふろは、バスタブの外で体を洗ってから、中に入るんですね。知りませんでした。

わたしは水曜日の夜、日本人の友達のうちで、スペイン語を教えています。先週友達が「来月スペインへ旅行に行きますから、もっと勉強したいで

す」と言いました。わたしは「じゃ、土曜日も来ましょうか」と聞きました。彼は「土曜日はいいです」と言いました。

　土曜日に友達のうちへ行きました。家の電気は消えていました。ベルを押しましたが、返事がありませんでした。

　日曜日、彼に電話しました。「きのう、あなたのうちへ行きましたよ。」「『土曜日はいいです』と言ったでしょう？」「……。」

Ⅰ　1. 正しいものに○、正しくないものに×を書いてください。
　　1) (　) ライトさんは特急電車に乗ってしまった。
　　2) (　) ライトさんの友達のうちから近い駅は特急が止まる。
　　3) (　) 日本のおふろは、バスタブの中で体をきれいに洗ってお湯を捨てる。
　　4) (　) ミゲルさんは「いいです」の意味をまちがえた。

　2. 答えてください。
　　1) ライトさんはどうしてうれしかったのですか。
　　2) ジョンさんがホームステイしたうちのお父さんはどうしてびっくりしましたか。
　　3) ミゲルさんの友達は土曜日、どうしてうちにいませんでしたか。

Ⅱ　あなたやあなたの友達は日本で何か失敗をしましたか。どんな失敗でしたか。

第30課 本文

日本でいちばん

　時計がなかったら、不便ですが、たくさんあっても、大変です。
　広島県福山市の赤繁さんのうちには時間を音で知らせる時計が560あります。壁に掛ける時計が310、置き時計が210、そのほかの時計が40です。日本でいちばん時計の音がうるさいうちです。560の時計が決まった時間になると、鳴るのです。
　ほとんど古い時計で、そのままにしておくと、止まってしまいます。毎日ねじを巻かなければなりません。赤繁さんは1日中時計のねじを巻いていますから、右手がいつも痛いと言っています。もし一度に560の時計が全部鳴ったら、耳も痛くなってしまいますね。でも、みんな古い時計ですから、少しずつ違う時間に鳴ります。ですから、赤繁さんの耳は痛くならないのです。
　赤繁さんにちょっと聞きました。
―― どうしてそんなにたくさん時計を集めているんですか。
30年まえに骨董屋で見つけた時計を修理してから、時計が好きになりました。壊れた時計を直すと、動きますね。それが楽しいんです。今も古い時計を見ると、買ってしまいます。もう離れの4つの部屋がいっぱいで、押し入れにも積んであります。
――夜はよく寝られますか。時計の音がうるさくないですか。
好きな時計の音ですから、すぐ慣れましたよ。音楽と同じです。
――将来、時計の博物館を作りたいと思っていますか。
ええ。でも、今はお金がありませんから…。しばらくこのままにしておきます。

Ⅰ 正しい答えを選んでください。
　1) 赤繁さんはどうして時計を集めているのですか。
　　①時計があると、便利だから。
　　②時計の修理が好きだから。
　　③時計の音を聞きながら寝たいから。
　2) 赤繁さんはどうして手が痛いのですか。
　　①時計を直すから。
　　②時計のねじを巻いているから。
　　③骨董屋からうちまで時計を運ぶから。
　3) 時計が鳴っても、どうして耳が痛くならないのですか。
　　①押し入れに入れてあるから。
　　②時計の音は音楽だから。
　　③鳴る時間が同じではないから。

Ⅱ 1. あなたも何か集めていますか。
　　それは何ですか。どうして集めているのですか。

　2. おもしろい物を集めている人を知っていますか。
　　紹介してください。

第30課 プラスアルファ

伝言メモ

1)

お帰りなさい。
冷蔵庫にケーキとジュースが
入れてあります。
食べたら、お皿とコップは
洗っておいてね。
5時ごろ帰ります。

2)

大阪支店の佐藤さんから電話が
ありました。出張の予定を知らせて
おきました。
会議の資料はメールで送っておきました。
では、お先に失礼します。

3)

きのうはほんとうにゴメン。
僕が悪かった。
今晩は早く帰る。

4)

掃除しました。机の上はそのままにしてあります。

今晩の食事はカレーです。サラダは冷蔵庫に入れてあります。

それから3時ごろ荷物が届きました。台所に置いてあります。

あさっての午後また伺います。

5)

絶対にビデオに触らないで。

今晩8時からサッカーの試合が予約してあるから。

それから今晩は彼女と食事するから、晩ごはんは要らないよ。

☆ 1)～5)はだれがだれに書いた伝言メモですか。

1)(　　) 2)(　　) 3)(　　) 4)(　　) 5)(　　)

a. 社員　　→　課長
b. 息子　　→　お母さん
c. 家政婦　→　家の人
d. お母さん→　子ども
e. 夫　　　→　妻

第31課 本文

1月1日
(がつついたち)

きょうは1月1日です。わたしの家族はみんな毎年1月1日に新年の決意を発表します。

父・虎男（49歳）：太ると、困るから、食事に気をつけて、運動します。去年はジョギングを始めましたが、続けられませんでした。ことしは50歳になるし、会社で部長になったし、体に気をつけようと思っています。お酒もできるだけ飲まないつもりです。

母・伸子（43歳）：ことしは介護のボランティアを始めようと思っています。若いときから介護の仕事をやりたかったんです。ボランティアをしながら、勉強をして資格も取るつもりです。皆さん、応援よろしくお願いします。

わたし・恵（17歳）：わたしはアジアの踊りに興味があります。特にインドネシアのバリの踊りが好きだから、将来はバリで踊りを研究したいと思っています。それで、ことしからインドネシア語の勉強を始めようと思っています。

弟・龍男(10歳):ことし5年生になるから、学校のスポーツクラブに入れます。僕は野球のクラブに入ろうと思っています。僕は足も速いし、上手に打てるから、すぐ試合に出られると思います。みんな見に来てください。それから去年は宿題をよく忘れたけど、ことしは忘れないつもりです。

I 正しいものに○、正しくないものに×を書いてください。
1)(　) お父さんはことしもジョギングを続けます。
2)(　) お母さんは介護の資格を取ってから、ボランティアをしようと思っています。
3)(　) 恵さんはことし踊りの研究にバリへ行く予定です。
4)(　) 龍男君はことし宿題を必ずやろうと思っています。

II あなたも1年の初めにその年にしようと思うことを考えますか。

1月1日～3日

第31課　プラスアルファ

あなたは何年生まれ？

　昔、神様が動物たちに言った。「1月1日の朝、わたしのうちへ早く来たら、1番目から12番目のものに大切な仕事をあげよう。」ネコは神様の話がよく聞こえなかったから、ネズミに「いつ？」と聞いた。ネズミは「2日だ」とうそを言った。

　ウシが最初に神様のうちに着いたが、ウシの背中にはネズミがこっそり乗っていた。ドアが開いたときに、ネズミが飛び降りて、1番になった。そして2番から12番までの動物が決まった。神様が言った。「ことしはネズミの年だ。ネズミの仕事はことし生まれる人たちを守ることだ。来年はウシ年で、ウシの仕事は来年生まれる人たちを守ることだ。毎年順番に仕事をして、12番まで仕事をしたら、またネズミの年になる。」

　このときから毎年ネズミ年、ウシ年などと言う。ネコは遅れたから、仕事ももらえなかったし、ネコ年もない。それで、ネコはネズミを見ると、追いかける。今も怒っているのだ。

1．どうしてネコはネズミを追いかけるのですか。

2．ことし生まれた人は何年ですか。

3．イヌ年の人はことし、何歳になりますか。

～年 どし	生まれた年 うとし				
ネズミ	1960	1972	1984	1996	2008
ウシ	1961	1973	1985	1997	2009
トラ	1962	1974	1986	1998	2010
ウサギ	1963	1975	1987	1999	2011
タツ	1964	1976	1988	2000	2012
ヘビ	1965	1977	1989	2001	2013
ウマ	1966	1978	1990	2002	2014
ヒツジ	1967	1979	1991	2003	2015
サル	1968	1980	1992	2004	2016
トリ	1969	1981	1993	2005	2017
イヌ	1970	1982	1994	2006	2018
イノシシ	1971	1983	1995	2007	2019

第32課 本文

桜とお花見

　日本人に「いちばん好きな花は何ですか」と聞いたら、多くの人が「桜」と答えるでしょう。春になって桜が咲くと、周りの景色がみんなピンク色になります。ほんとうにきれいです。そして、満開の桜は風が吹くと一斉に散ります。桜は散るときも、とてもきれいです。

　春には、たくさんの人が桜を見に行きます。お花見は1,200年ぐらいまえから続いている日本の春の大きいイベントです。桜が咲く時期は南から北へだんだん移ります。沖縄の桜がいちばん早くて、1月ごろ咲きます。北海道の桜は5月ごろ咲きます。ですから、お花見のシーズンになると、天気予報の中で、「上野公園の桜は来週金曜日ごろ満開になるでしょう。」とか、「弘前城の桜はもうすぐ咲くでしょう。」とか、桜の花が咲く日の予想を発表します。桜は1、2週間で散ってしまいますから、予想を聞いて、お花見の日を決めます。

　お花見では、家族や友達と、桜を見ながら食べたり飲んだり、歌ったり踊ったりします。絵をかいたり、写真を撮ったりする人もいます。バーベ  キューなどができる公園もあります。昼の桜もいいですが、夜の桜もとてもきれいです。でも、お花見のころの夜はちょっと寒いかもしれませんから、セーターなど暖かい服を持って行ったほうがいいでしょう。

　日本には、桜の名所がたくさんあります。春になると、桜の名所も、町の公園も、朝から夜まで人でいっぱいです。お花見は、日本人が短い桜の季節を楽しむ大切なイベントなのです。

Ⅰ 正しいものに○、正しくないものに×を書いてください。
　1)（　）桜は、咲いているときより、散るときのほうがきれいです。
　2)（　）沖縄で桜の花が見られなかった人は、北海道へ行ったら見られます。
　3)（　）天気予報を聞いてから、お花見の日を決めたほうがいいです。
　4)（　）上野公園で1か月ぐらいお花見を楽しむことができます。
　5)（　）夜、お花見をするときは、着る物に気をつけたほうがいいです。

Ⅱ　1．あなたの国の人がいちばん好きな花は何ですか。

　　2．あなたの国にお花見のようなイベントがありますか。

桜前線

　右の地図の「〇／〇（〇月〇日）」は桜が咲く日です。咲く日が同じ所を線で結んだものを「桜前線」と言います。

（(株) ウェザーマップ 提供）

第32課 プラスアルファ

お花見

日本人3万人に桜とお花見について聞きました。

1. 桜が好きな人はどのくらいいると思いますか。

   1)～3)にa～cを入れてください。

   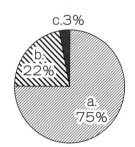

   あなたは桜が好きですか

   1) (　　) とても好き
   2) (　　) まあまあ好き
   3) (　　) どちらでもない

2. 桜の季節に、必ずお花見をすると答えた人は何%ぐらいだと思いますか。

   a．40%　　　b．70%　　　c．90%

3. 毎年、桜の季節に何回もお花見に行く人がいます。どの年代がいちばんよく行くと思いますか。多い順に1、2、3の番号を書いてください。

   1) 10代～20代（　　）
   2) 30代～40代（　　）
   3) 50代～60代（　　）

4. お花見はいろいろな楽しみ方があります。

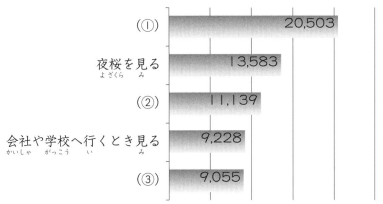

好きなお花見のスタイル（人）

- ① 20,503
- 夜桜を見る 13,583
- ② 11,139
- 会社や学校へ行くとき見る 9,228
- ③ 9,055

（1人の人が2つ以上答えました。それで、合計は3万人以上です。）

①～③にa～cのどれが入ると思いますか。

① (　　)　　② (　　)　　③ (　　)

a. 桜の木の下でパーティーをする
b. 昼、散歩しながら見る
c. ドライブしながら見る

（提供：ウェザーニューズ「全国お花見調査（2013年）」）

食べる桜

塩漬けの桜の花や葉をお湯に入れて飲んだり、食べたりします。

〈桜茶〉　〈桜餅〉　〈鯛の桜蒸し〉

（アジアのお茶時間 提供）　（cookpad 提供 riko828☆鯛のさくら蒸し☆）

第33課 本文

大声大会
おお ごえ たい かい

　わたしの町では毎年12月に大声大会があります。大きい声で何か叫んで、1年の嫌なことを忘れるのです。
　去年のテーマは「あの人に言いたい」でした。ほとんどの人は「税金を下げろ！」とか「首相はやめろ！」とか叫びましたが、外国から参加したある女の人は「トーホク！ ガンバロー！」と叫びました。この声が大会でいちばん大きい声でした。大きい地震があった東北の人に「元気を出して。いっしょに頑張りましょう」と言いたかったのです。
　ほかに、「山本！ 貸した金返せ！」「給料を上げろ！」「良子、結婚してくれ！」「社長！ 下手な英語を使うなー！」「幸子、かんにーん！」などがありました。「かんにん」は大阪弁で「すみません」という意味です。この人は何か幸子さんに謝りたいことがあるのでしょう。
　毎日の生活では大声で叫ぶチャンスがありません。1年に一度、大声で叫んで、1年のストレスを全部出してしまいましょう。

Ⅰ 1. 正しい答えを選んでください。
   1) 去年の大会で1番になった人のことばはどれですか。
      ①税金を下げろ　②首相はやめろ　③トーホク！ガンバロー
   2) 「山本！貸した金返せ！」はだれがだれに言ったことばですか。
      ①友達→山本君　　②山本君→友達　　③銀行→山本君
   3) 大会で叫んだ人はどの人ですか。
      ①東北の人　②下手な英語を使う社長　③大阪弁の男の人

2. 大声大会に参加したら、どんないいことがありますか。正しいものに〇、正しくないものに×を書いてください。
   1) (　) 嫌なことが忘れられる。
   2) (　) ストレスを出してしまうことができる。
   3) (　) 給料が上がって、税金が下がる。

Ⅱ もしあなたが大声大会に参加したら、どんなことを叫びますか。

おもしろい大会いろいろ

そば食い大会（長野県）
金魚すくい選手権大会（奈良県大和郡山市）
力餅比べ（京都府醍醐寺）
梅種飛ばし大会（福島県会津美里町）
大綱引き大会（沖縄県那覇市）
長靴飛ばし大会（北海道）

あなたも参加しませんか。

第33課　プラスアルファ

こんな人にこのことば

石川（25歳）

禁煙？　考えたことない。寝るまえはベッドで吸うんだ。一度そのまま寝てしまって、布団が少し燃えたことがあるけど。

あ、あそこの信号、もうすぐ赤になる！早く渡ってしまおう。

上田（27歳）

南山（16歳）

シーツを買いました。袋を開けてから、わかったんですが、わたしのベッドでは使えないんです。店に返しに行ったけど、換えてもらえませんでした。

家族5人の生活だから、ごみは多いですよ。要らない物は捨てます。エアコンは1年中使っています。車が好きだから、どこでも車で行きます。

田村（53歳）

おじいちゃん、最近何でも忘れるし、同じことを何回も聞くし、ほんとうに疲れます。それに、娘や息子はいくら言っても、部屋を片づけないし。

高橋（42歳）

a. 守れ、緑の地球！

b. よく見て！
　 聞いて！
　 確かめて！

c. 気をつけろ！
　 初めはみんな
　 小さい火

d. 子ども、しかるな、
　 来た道だから
　 年寄り、笑うな、
　 行く道だから

e. 注意1秒、
　 けが一生

☆　どの人にa～eのことばを教えてあげたらいいですか。

第34課　本文

あなたの国では？

日本ではあいさつするとき、頭を下げます。握手をしたり体に触ったりするあいさつはありません。また、日本人は「わたし」というとき、人差し指で自分の鼻を指します。

手を使うジェスチャーはいろいろあります。人の前や間を歩くとき、手を立てて上げたり下げたりします。これは「ちょっとすみません」という意味です。また、手を顔の前で横に何回も振ります。これは「さようなら」のジェスチャーではありません。「わかりません」「できません」などの意味です。人や犬などを呼ぶとき、日本人は手のひらを下に向けて振ります。

また、日本人は口の前に人差し指を立てて「シーッ」と言います。これは「話すな！」という意味です。みんなの前で話すときは、ポケットに手を入れて話してはいけません。また、日本人は相手の目をあまり見ないで話します。じっと見ると失礼なのです。

このほかに笑うとき、手で口を隠す女の人がいます。昔、女の人はほかの人に歯を見せてはいけませんでした。それで今もその習慣のとおりにしているのです。

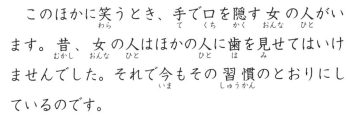

日本では小さい子どもに「いい子だね」と言うとき、頭に触ります。しかし、タイなどの東南アジ

アの国では頭に触ってはいけません。旅行のガイドブックにはタイへ行ったら、人の頭に触るなと書いてあります。

世界にはいろいろなジェスチャーがあります。

I　1)～3)のとき、日本人はどんなジェスチャーをしますか。a～cから選んでください。

1)（　）人がたくさんいる所で松本さんを呼びました。松本さんは「えっ、わたし？」と言いながら、こちらを見ました。

2)（　）公園で男の子が遊んでいます。友達に「こっちへ来て！」と言いました。

3)（　）町で外国人が日本人に道を聞きました。その日本人は「英語、わからない！」と言いました。

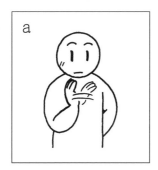 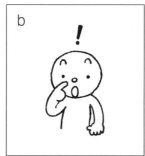 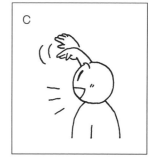

II　あなたの国のジェスチャーを紹介してください。

第35課 本文

自動販売機

　日本は自動販売機が多い国だ。ボタンを押せば、簡単に飲み物やお菓子などいろいろな物が買える。今、日本では飲み物の販売機がいちばん多くて、257万台ある。2番目はプリペイドカードや靴下など生活用品を売る販売機で、86万台ある。3番目はたばこの販売機で、23万台ある。食べ物の販売機が7万台ぐらい、切符などの販売機が4万台ある。全部で377万台以上だ。

　いつでも使うことができるから、便利だが、問題もある。日本では20歳にならなければ、お酒を飲んだり、たばこを吸ったりすることはできない。しかし、夜はだれも見ていないから、子どもでも、販売機でたばこやお酒が買える。また、24時間動かすと、電気もむだになる。

　それで、お酒の販売機は夜11時から朝5時まで止めてある。たばこは「タスポ」というカードを機械にタッチしなければ、買えない。このカードは大人しか持てない。また、最近では、販売機のほとんどが節電タイプになっている。1991年から2013年までに、飲み物の販売機が使う電力は75％減った。

　しかし、販売機は町の美しさを壊すし、ごみが増えると言う人もいる。古くて静かな京都のお寺でも、門の前に販売機が置いてある。そばのごみ箱はいつでもごみでいっぱいだ。また、夜中に販売機の前に若い人が集まって、騒いだりする。便利な販売機だが、問題はまだある。

I 1. ①〜⑤に正しい数字かことばを書いてください。

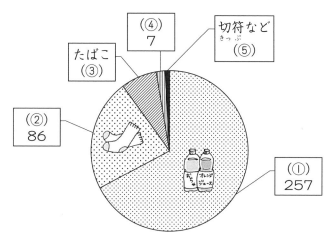

((一社)日本自動販売機工業会「自販機普及台数及び年間自販金額 2014年版」より作成)

①_____　②_____　③_____万台

④_____　⑤_____万台

2. 正しいものに○、正しくないものに×を書いてください。
　1)(　) 大人は夜11時まで販売機でお酒が買える。
　2)(　) 販売機でたばこを買うときは、カードを販売機に入れる。
　3)(　) 2013年までに、全部の販売機が使う電力は75％減った。

3. 京都のお寺の前に販売機がありますが、どんな問題がありますか。2つ書いてください。

II 自動販売機のいい点と悪い点を考えてください。

第35課 本文　33

最初の自動販売機

《世界最初の自動販売機》

世界で最初の販売機は、紀元前3世紀にエジプトのお寺にありました。水の販売機で、お金を入れると、その重さで水の出口が開いて、水が出てきました。

《日本最初の自動販売機》

日本で最初の販売機は明治21年にできた、たばこの販売機でした。今はもうありませんから、見られません。

今あるいちばん古い販売機は切手とはがきの販売機です。木の箱で、ポストもいっしょですから、切手とはがきを買って、手紙も出せる便利なものでした。

（郵政博物館所蔵）

第35課 プラスアルファ

ほんとうに自動販売機で売っているの？

いろいろ珍しい販売機もあります。次の中で、販売機で売っていない物はどれでしょう？

☆ あなたはどんな販売機があれば便利だと思いますか。

第36課 本文

動物の目

皆さんは動物園へ行ったことがあるでしょう？　短い足や大きい耳、長い鼻など、動物の体の形はおもしろいですね。目の形や位置もいろいろです。どうしてシマウマの目は顔の横にあるのですか。ライオンの目は2つ並んでいるのですか。皆さんは考えたことがありますか。

ライオンはほかの動物の肉を食べます。その目は遠くに動物がいても、すぐ走って行って捕まえられるように、顔の前に2つ並んでいます。2つ並んでいなければ、正しい距離がわかりません。

ライオン

サルの目も顔の前に並んでいます。サルは木から木へ跳ぶとき、失敗しないように、よく前を見なければなりません。

ヒトの目も同じです。ヒトは2本の足で歩けるようになって、手が使えるようになりました。それで、手で難しい仕事ができます。

シマウマ

（武市加代・絵『どうぶつの目』アリス館より）

草や木の葉を食べる動物の目はどうですか。シマウマはライオンなどにいつも気をつけていなければなりません。ですから、草を食べていても、うしろの方まで見えるように、目が顔の横に付いています。

カバは水の中にいますが、頭の上に目がありますから、目だけ水から出して周りを見ることができます。

動物の目は食べる物や住んでいる所によって違うのです。

今度動物園へ行ったら、動物の目をよく見てください。おもしろいことが見つかるかもしれませんよ。

(参考図書：わしおとしこ『どうぶつの目』アリス館)

I 1. 正しいものに○、正しくないものに×を書いてください。
　　1)（　　）ライオンの目はうしろの方まで見えます。
　　2)（　　）サルは目が顔の前に２つ並んでいますから、正しい距離がわかります。
　　3)（　　）シマウマはうしろからライオンが来ても見えますから、逃げることができます。
　　4)（　　）カバの目は、水から目だけ出して周りが見られるように、頭の上にあります。

2. 下の動物は①ライオン、②シマウマ、③カバのどのグループですか。
　　①（　　　　）　②（　　　　）　③（　　　　）

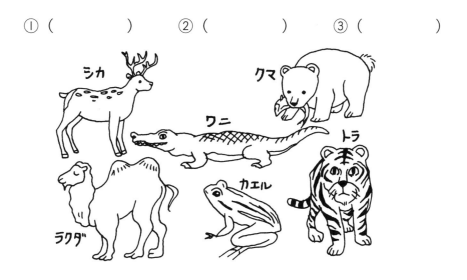

II あなたの国におもしろい動物がいますか。

第37課 本文

55年かかってゴールインした日本人選手

日本は1912年の第5回ストックホルム大会からオリンピックに参加した。日本ではまだオリンピックはほとんど知られていなかった。選手を決めるマラソン大会が開かれて、20歳の学生が2時間32分45秒の記録で勝った。これはそのときの世界記録より27分速かった。学生の名前は金栗四三。

金栗はオリンピック選手に選ばれた。ストックホルムへ行くお金がなかったが、兄や友達がお金を集めてくれた。それで、やっとオリンピックに参加することができた。金栗は1番になるかもしれないと思われていた。しかし、マラソンが行われた7月14日はとても暑い日だった。金栗は走っていてだんだん気分が悪くなった。

水を飲んだり、頭から水を浴びたりしたが、32kmの所で倒れてしまった。近くに住んでいた親切な人に助けられて、その人のうちに泊まった。そして、次の日、元気になって、日本の選手がいるホテルへ帰った。

「消えた日本人」はスウェーデンのニュースになっていた。一生懸命捜していた人はみんな金栗を見たとき、とても喜んでくれた。しかし、金栗は恥ずかしかった。

1967年、75歳の金栗は招待されてストックホルムへ行った。競技場でたくさんの人に迎えられた金栗はみんなの前をゆっくり走って、ゴールインした。競技場にアナウンスがあった。「ミスター・カナグリ、ニッポン。ゴールイン。時間は55年…。これでストックホルム大会は全部の競技

を終わりました。」金栗は言った。「長い試合でした。スタートからゴールインまでに孫が5人できましたよ。」

(参考図書:『オリンピックおもしろ大百科』日之出出版)

Ⅰ 1. 正しいものに○、正しくないものに×を書いてください。
　　1)（　）1912年ごろ日本ではオリンピックはとても人気があった。
　　2)（　）第5回大会のまえは金栗の記録が世界でいちばん速かった。
　　3)（　）金栗は自分のお金でオリンピックに参加した。
　　4)（　）オリンピックのまえに、金栗は必ずマラソンで勝つと言われていた。

2. ゴールインした金栗さんに聞きました。正しい答えを選んでください。
　　1) ゴールインおめでとうございます。今、どんな気持ちですか。
　　　［①ストックホルム大会
　　　　②東京のマラソン大会］
　　　のことをいろいろ思い出しています。
　　　あのときはゴールインできませんでした。
　　2) どうして走れなくなったんですか。
　　　［①走るまえに、水を飲んだから
　　　　②とても暑い日だったから］
　　　体の調子が悪くなって、
　　　倒れてしまいました。

第37課 本文　39

3）それで、どうしたんですか。

　　　⎡①日本人　　　　　　⎤
　　　⎢②近くのスウェーデン人⎥
　　　⎣③オリンピック選手　　⎦

　　に助けられて、次の日、ホテルへ帰りました。
　　みんな、わたしを捜していました。

4）ホテルへ帰ったとき、みんなは何か言いましたか。

　　　⎡①「どうして走れなかったんだ」⎤
　　　⎣②「ほんとうによかった」　　　⎦

　　と言いました。

5）それで、金栗さんはどう思いましたか。

　　　⎡①みんなが喜んでくれたから、よかった　　　⎤
　　　⎣②ゴールインできなかったから、恥ずかしい　⎦

　　と思いました。

Ⅱ　オリンピックについて何か思い出がありますか。

オリンピック

　オリンピックはギリシアの神ゼウスのお祭りで、紀元前776年にアテネで初めて行われた。戦争のときもやめないで、1,100年以上続けられて、393年に終わった。1881年に古代オリンピックの競技場が発見された。フランスのクーベルタンが「新しいオリンピックを開こう」と呼びかけた。

1896年	アテネ	第1回オリンピック。競技8つ、参加国（地域）14、参加選手241人。
1924年	シャモニー・モンブラン	第1回冬のオリンピック。
1964年	東京	第18回オリンピック。アジアで初めてのオリンピック。競技20、参加国（地域）93、参加選手5,152人。
2004年	アテネ	第28回オリンピック。競技28、参加国（地域）201、参加選手10,625人。
2016年	リオデジャネイロ	第31回オリンピック。南アメリカで初めてのオリンピック。
2020年	東京	第32回オリンピック。

（参考：日本オリンピック委員会HP）

第38課 本文

消したいもの

「あなたがいちばん消したいものは何ですか。」

鉛筆や消しゴムを作っている会社が日本人1,000人にアンケートをした。いろいろな答えがあった。

いちばん多いのは男の人も女の人も今までにした恥ずかしいことだった。恥ずかしいことを消したいと思う人は100人以上いた。恥ずかしいことの中には、「授業中寝てしまって、寝言を言って、みんなに笑われた。」「学校の大切な式で司会をしたとき、ズボンのチャックが開いていた。」「雨の日に道を歩いていて、マンホールに落ちてしまった。たくさんの人が見ていた。」など、若い人の例が多い。年を取ると、恥ずかしいことがたくさんあって、きっと思い出すのが大変なのだ。

男の人が消したいもので2番目に多いのが銀行や人から借りたお金、3番目が悪い政治家だった。女の人の答えで2番目に消したいのは顔にあるにきびやしみなどで、3番目は体の脂肪だった。学校に通っている子どもたちがいちばん消したいのは学校の成績、次に入学試験、3番目が恥ずかしいことだった。

ほかに「今までの人生」「病気」「年」「失恋」などの答えもかなりあった。また、「禁煙の約束」「主人のゴルフの予定」「結婚の約束をした恋人」「嫌いな課長の髪」など、おもしろい答えもいろいろあった。

何でも消せる消しゴムを発明したら、きっとたくさん売れるだろう。でも、気をつけたほうがいい。「嫌いな人」を消したいと思っている人もいる。

I 1. ①〜⑤にことばを書いてください。

消したいもの	1番	2番	3番
男の人	①	借りたお金	②
女の人	③	④	体の脂肪
子ども	成績	⑤	恥ずかしいこと

2. 正しいものに〇、正しくないものに×を書いてください。
   1) (　) 男の人はお金は要らないと思っている。
   2) (　) きれいになりたいと思っている女の人が多い。
   3) (　) 子どもはみんな学校の勉強が好きで、成績もいい。
   4) (　) アンケートをした会社は何でも消せる消しゴムを売る予定だ。

II 1. あなたがいちばん消したいものは何ですか。

2. 友達は何を消したいと思っていますか。聞きましょう。

第38課 プラスアルファ

迷惑なことは？

　駅や電車の中で迷惑なことは何ですか。鉄道会社が3,135人の人に聞いて、調べました。

1．大きい声で話したり、騒いだりする	33.2%
2．座り方が悪い	31.7%
3．乗るとき、降りるときのマナーが悪い	27.9%
4．ケータイの音や話す声がうるさい	24.7%
5．ヘッドホンから音が聞こえる	24.5%
6．荷物の持ち方や置き方が悪い	22.3%
7．込んでいる電車にベビーカーを押して乗る	19.5%
8．ごみや空き缶を置いておく	16.9%
9．電車の中で化粧する	16.5%
10．酔っぱらって電車に乗る	14.6%

（日本民営鉄道協会「2014年度駅と電車内の迷惑行為ランキング」）

☆　あなたが駅や電車で迷惑だと思うのはどんなことですか。
　　クラスの友達にも聞きましょう。

なぞなぞ

1. 切っても、切っても、
   切れないのは？

2. 生まれると、みんながもらうもの。
   自分のものだけど、ほかの人がよく使うのは？

3. 作った人は教えない、
   持っている人はわからない、
   知っている人は欲しくないのは？

4. 長生きすると、多くなる
   多くなるけど、欲しくないのは？

5. 眠くなると、会いに来て
   起きると、いない
   見たくても、なかなか見られないのは？

☆ 1〜5は？のどれですか。

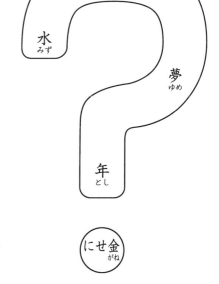

（1、2、3…参考図書：柴田武他『世界なぞなぞ大事典』大修館書店）

第39課 本文

万次郎

1827年、高知の小さな村に元気な男の子が生まれました。名前は万次郎。家族は魚をとって暮らしていました。9歳のときにお父さんが亡くなったので、万次郎は家族のために、働かなければなりませんでした。

1841年、14歳のとき、村の男4人と海へ魚をとりに行きました。強い風で船が流されて、遠い南の島に着きました。鳥島という無人島で、そこで男5人だけの生活が始まりました。

143日後に、アメリカの捕鯨船に助けられました。アメリカの捕鯨船は航海を続けて、ハワイに着きました。村の男4人はハワイで降りましたが、万次郎はアメリカへ行きたいと言いました。船長は、頭がよくて、元気な万次郎が気に入ったので、アメリカへ連れて行きました。

1843年、万次郎のアメリカ生活が始まりました。船長の息子になって、学校に通いました。英語、数学、造船などを勉強しました。万次郎はアメリカに留学した初めての日本人だと言われています。

学校を出てから、しばらく働いていましたが、万次郎は国へ帰りたくなりました。そして、ハワイにいる村の男といっしょに国へ帰ろうと思いました。

そのころ、日本は江戸時代でした。幕府は日本人が国の外へ出ることも、外国人が日本に入ることも禁止していました。一度国を出た日本人が帰ることも許していませんでした。

1851年、それでも、万次郎たちは日本に帰りました。もちろん、すぐに捕えられて、いろいろ調べられました。1年9か月後に許されて、やっと

うちへ帰ることができました。村を出てから、11年10か月後でした。

そのころ、イギリスやアメリカなどの船が日本の港に来て、水や食べ物が欲しい、貿易をしたいと言いました。幕府は外国のことを知っている人や、英語が話せる人が必要になりました。

1853年、万次郎の新しい生活が始まりました。幕府から武士の身分と名字をもらって、万次郎は中浜万次郎になりました。そして、通訳、翻訳、英語の先生、造船の仕事などをして国のために頑張りました。

1868年、明治維新で、日本は大きく変わりました。多くの若い人が海外へ勉強に行きました。外国人が大勢日本へ仕事に来ました。万次郎が教えた人たちも新しい日本のために働きました。

1898年、亡くなりました。

Ⅰ　a〜fを話の順に並べてください。

1（　）→ 2（　）→ 3（　）→ 4（　）→ 5（　）→ 6（　）

Ⅱ　1．無人島の生活はどんな生活だったと思いますか。

　2．万次郎はどうしてアメリカへ行ったと思いますか。

　3．あなたの国にも万次郎のような人がいますか。いたら、紹介してください。

第39課 プラスアルファ

読みましたか・見ましたか・聞きましたか

1) 本文の『万次郎』を読みましたか。すごい運命の人がいたんですね。(　　)しました。

2) バレエを見たことがありますか。きのう、『白鳥の湖』を見に行きました。白鳥を踊った人がとてもきれいで、(　　)しました。

3) 『シラノ・ド・ベルジュラック』を見て、(　　)しました。ある女の人が好きだけど、自分がハンサムじゃないので、言えないんです。好きだったら、言ったほうがいいと思います。

4) 『鉄腕アトム』を知っていますか。マンガもおもしろいけど、アニメもいいですね。アニメの始まりの歌を聞くと(　　)します。

5) けさの新聞を読みましたか。宮崎駿さんがもうアニメは作らないと言っていました。(　　)しました。

☆ (　　)の中に下のことばを入れてください。

a. びっくり　b. うっとり　c. がっかり　d. わくわく　e. いらいら

常識
じょうしき

　わたしのうちに今、ブラジルのアナさんがホームステイしています。アナさんがかぜをひいたとき、母は「シャワーを浴びたり、おふろに入ったりしたらだめよ」と言いました。アナさんは「どうしていけないか、わかりません。病気のときは清潔が大切だし、わたしのうちでは熱が下がるように、シャワーを浴びたり、ぬるいお湯に入ったりします」と言いました。それを聞いて、わたしたちはびっくりしました。熱があったり、かぜをひいたりしているときは、おふろに入らないほうがいいと信じていたからです。学校で友達に聞いてみましたが、みんな「おふろは入らないほうがいいと思う」と言いました。どうしてそう思うか、聞きました。「常識だよ。子どものときから、いつも言われたよ。」わたしはどうしてそんな常識ができたか、調べてみました。

　昔、日本の家は冬とても寒かったので、熱いおふろに肩まで入って体を温める習慣ができました。熱いおふろは気持ちがいいですが、長く入ると、疲れます。体の調子が悪いとき、おふろに入って疲れると、病気がひどくなります。それで、かぜのときや熱があるときは、おふろに入ってはいけないと思うようになりました。今は家の中も暖かいし、シャワーもあるし、ほとんど問題はありませんが、昔の常識のとおりにしている人が多いのです。

　食べ物について昔から言われている常識もあります。「うなぎと梅干し」「すいかとてんぷら」などはいっしょに食べると、おなかをこわすと言われています。医学的

に正しいものはほとんどないのですが、多くの人がまだ信じています。
　生活が変わっても、昔の常識をそのまま信じているのは変です。時々その常識が正しいかどうか、どうしてその常識ができたか、考えてみたほうがいいでしょう。

Ⅰ　正しいものに○、正しくないものに×を書いてください。
　　1）（　　）かぜのときや熱が高いとき、おふろに入らないのは世界中の常識だ。
　　2）（　　）熱があるとき、ぬるいおふろに入って、体の熱を下げようと思う人がいる。
　　3）（　　）うなぎと梅干しをいっしょに食べても、病気にならない。
　　4）（　　）生活が変わっても、常識はなかなか変わらない。

Ⅱ　あなたの国と日本で、「常識」が違っているものがありますか。
　　どうして違っていると思いますか。

第40課 プラスアルファ

だれでもできて健康にいい習慣、教えます

1. 朝起きたら、すぐ、冷たい水をコップ1杯飲む

    冷たい水を飲むと、休んでいた胃と腸が動き始めます。

    腸がよく動いて、トイレへ行きたくなります。

2. 音楽を聞きながら食事する

    楽しい音楽を聞いて、気分がいいと、

    胃液がたくさん出ます。

3. 毎日鏡を見て笑う

    わたしたちの体は、病気に勝つ力を持っています。笑うと、その

    力が強くなります。それに、楽しい気持ちになれます。

4. 大股で歩く

    大股で歩くと、たくさん運動できるし、

    足の筋肉もよく使うことができます。

背の高さ×0.4cm

5. 寝るまえに、足の裏を5分マッサージする

    足の裏の ● を押してください。

    よく寝られます。

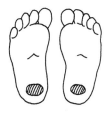

（「新春すてきな奥さん2000年版第3付録」主婦と生活社より）

☆ ほかに、毎日の生活でだれでもできて体にいいことを考えてみましょう。どうしてそれがいいか、考えてみてください。

健康チェック

あなたの心臓と血管が疲れていないかどうか、チェックしてみましょう。

はい…1点　　いいえ…0点

（　）油が多い料理がとても好きだ
（　）コーヒーに必ずミルクと砂糖を入れる
（　）動かないで座っているときも、脈拍が1分に90以上ある
（　）スポーツはほとんどしない
（　）塩辛い物が好きだ
（　）冬、重い布団をかけて寝ている
（　）たばこは絶対にやめられない
（　）枕が高くなければ、寝られない
（　）魚より肉をよく食べる
（　）よく心臓がどきどきする

10点	大変！あなたの心臓と血管はとても疲れています。すぐ医者に相談してください。
5～9点	安心してはいけません。健康に気をつけて、点が少なくなるようにしましょう。
1～4点	かなりいいです。今の生活を続けるようにしましょう。
0点	あなたの心臓と血管はとても元気です。

（石川恭三『頭とからだの健康医学　疲れをとるちょっとした方法』青春出版社より）

第41課 本文

ロボットといっしょ

　日本は「ロボット大国」と言われている。「ロボット」と聞くと、自動車工場などをイメージするかもしれない。しかし、日本ではもっといろいろな所でロボットが使われている。

　今、日本では子どもの数が少なくなって、お年寄りがどんどん増えている。お年寄りが一人で生活するのは大変だ。体が自由に動かなくなって、ほかの人に手伝ってもらわなければならない人も多い。それで、人の世話をしたり、ペットになったり、体の動きを助けたりするロボットが作られている。

　よく売れているのはロボット掃除機だ。家の中をきれいに掃除してくれる。アザラシのロボットはかわいいし、人のことばを聞いて、いろいろな表情をするので、お年寄りにとても人気がある。体操を教えるロボットもある。いろいろな動きを教えてくれるので、そのとおりに体を動かすと、だんだん元気になって、あまりけがをしなくなる。体操ロボットも、アザラシロボットも介護施設でよく使われている。

　動かなくなった手や足の代わりに働いてくれるロボットもある。食事のときに、口まで食べ物を運んだり、歩くときに、手や足が使えるように、手伝ったりしてくれる。

　確かに賢いロボットといっしょに生活できるのは便利で、すばらしい。ロボットだから、えさをやったり、散歩に連れて行ってやったりしなくてもいい。でも、毎日朝から晩までロボットだけといっしょだったら、ちょっと寂しいと思う。

Ⅰ 1．正しいものに○、正しくないものに×を書いてください。
　　1）（　　）日本ではいろいろな所でロボットを使っている。
　　2）（　　）アザラシのロボットはおしゃべりができる。
　　3）（　　）体操ロボットに習ったとおりに体を動かすと、体の調子がよくなる。
　　4）（　　）ロボットが何でもやってくれるから、ロボットと生活するのは楽しい。
　2．どうして、人の世話をしたり、ペットになったりするロボットが作られているのですか。

Ⅱ 1．あなたの国では子どもの数は多くなっていますか。少なくなっていますか。
　2．あなたは年を取ったら、だれといっしょに住みたいですか。
　3．どんなロボットがあったらいいと思いますか。

いろいろなロボット

ロボット掃除機　　　　アザラシ型ロボット　　　体操ロボット
（アイロボットルンバ）　　（パロ）　　　　　　（たいぞう）

（アイロボット社 提供）　　　　（産業技術総合研究所 提供）

食事支援ロボット　　　　足に装着するロボット
（マイスプーン）　　　　　（HAL）

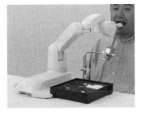

（セコム株式会社 提供）　　　（Prof. Sankai University of Tsukuba/CYBERDYNE Inc.）

第42課 本文

肉を食べると

　世界中の人が食べる肉の量は毎年増えている。その大きな原因は人々の食生活が変わったからだ。日本でも魚や野菜より肉が好きな子どもが多い。

　今、世界では牛や羊、豚、鶏など、たくさんの家畜が飼われている。家畜の数は世界の人口の3倍以上で、今も増えている。増えた牛や羊を飼うのに、新しい草地が必要になる。それで、草地を作るために、世界中の森の木が切られている。森が少なくなると、地球は暖かくなる。そして、草地はだんだん砂漠化する。

　また、家畜のえさに麦やとうもろこし、大豆などの穀物がたくさん使われる。

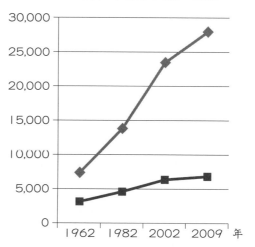

〈世界の肉消費量と人口〉

―◆― 肉消費量（万トン）
―■― 世界人口（百万人）

（肉消費量：FAOSTAT/© FAO Statistics Division 2015/12 February 2015,
世界人口：World Population Prospects：The 2012 Revision © 2013 by United Nations）

家畜は世界中の穀物の30％以上を食べている。それに、水やエネルギーも必要だ。1キロの牛肉を作るのに、11キロの穀物と20,000リットルの水、7〜8リットルの石油が必要だと言われている。

　世界中の人々の9人に1人は食べる物がない。食べる肉の量を減らせば、食べ物がない人々のために、穀物を使うことができるかもしれない。人や地球を守るために、どんな食生活がいいか、わたしたちは考えなければならない。

I 1. 答えてください。
　　1) どうして人が食べる肉の量が増えているのですか。
　　2) 今、世界で飼っている家畜はどのくらいいますか。

　2. ①〜④に入れるものをa〜dから選んでください。

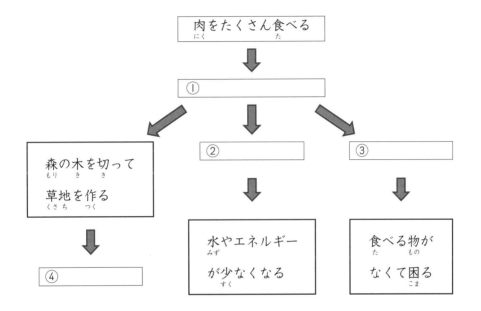

　　a. 水やエネルギーをたくさん使う
　　b. 家畜をたくさん飼う
　　c. 地球が暖かくなる
　　d. 穀物をたくさん使う

II 地球を守るために、どんなことをすればいいと思いますか。

第42課 プラスアルファ

地球はどうなる？

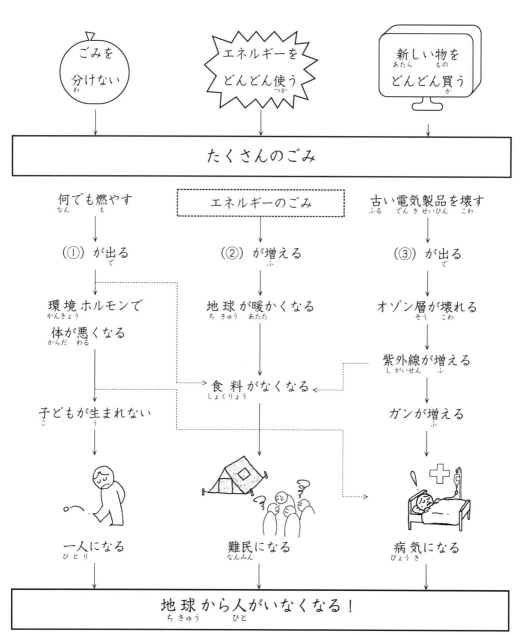

(翻案:「ダ・カーポ2000年6月7日号」マガジンハウス)

☆ ①〜③はどれですか。

a. フロンガス　　　b. ダイオキシン　　　c. 二酸化炭素（CO_2）

あなたのエコロジー度は？

いつもしている（2点）　時々している（1点）　していない（0点）

1. 新聞・雑誌、瓶・缶などをリサイクルに出している
2. できるだけリサイクルできる物を買う
3. 買い物のとき、袋を持って行く
4. できるだけ車に乗らないで、電車やバスを使う
5. エアコンはできるだけ使わない
6. 電気製品は省エネの製品しか使わない
7. 洗濯のときは、おふろの水を利用する
8. 合成洗剤やせっけんをたくさん使わない
9. 油で汚れたお皿は、汚れをふいてから洗う
10. 夜は早く寝て、朝早く起きる

☆　何点になりましたか。

17～20点　あなたは地球を守るために、よく頑張っています。
12～16点　かなりいいですね。
9～11点　まあまあですね。もう少し頑張ってください。
6～8点　もっと地球のことを考えてください。
0～5点　あなたはエコロジーについて考えたことがありますか。
　　　　地球が死んでしまいますよ。

第43課 本文

お元気ですか

宛先：佐藤朝子
件名：お元気ですか

おばさん

毎日寒いですね。お元気ですか。お正月はいかがでしたか。
僕は、この冬休みは大学生活最後の休みなので、
ちょっと遠いですが、ガラパゴスへ行って来ました。
ガラパゴスのカメやイグアナはとても幸せそうでした。

ところで、この間、うちの近くの川でワニが発見されました。
どうしてワニが日本の川にいるのでしょうか。
きっとだれかが捨てたのだと思います。
ペット屋で買って育てていたワニが、大きくなって邪魔になったから
でしょう。勝手な人ですね。
川の魚たちも困っているでしょう。
動物を飼うことについてもっと厳しい規制が必要だと思います。

こちらは今晩から雪が降りそうです。
おばさん、かぜをひかないように、気をつけてください。

田中 博

追伸　旅行のとき撮った写真を送ります。

宛先：田中博
件名：Re：お元気ですか

博君

メールをありがとう。お返事遅くなってごめんなさい。
こちらは少しずつ暖かくなって、もうすぐ梅が咲きそうです。
ガラパゴス旅行の写真を見ました。とても楽しそうで、
卒業するまえに、いい思い出ができてよかったですね。

この間、隣の家のペットがうちへ入ってきて、びっくりしました。
とても大きいカメだったので、子どもたちが泣いて、騒いで、
大変でした。
もしかしたらガラパゴスのカメかもしれませんね。
カメもちょっと悲しそうでした。故郷に戻してあげたいですね。

卒業試験が終わったら、一度遊びに来てください。
博君が好きな肉じゃがを作って待っています。
健太とみきも「博君に会いたい」と言っていますよ。

佐藤朝子

追伸　お正月に撮った家族の写真を添付します。
　　　健太もみきも大きくなったでしょう？

Ⅰ 1. 田中博さんは何月ごろメールを送りましたか。
　　① 1月　　　　② 6月　　　　③ 12月

　2. 田中博さんと佐藤朝子さんはどんな関係ですか。
　　① 友達　　　　② 恋人　　　　③ 親戚

　3. 正しいものに〇、正しくないものに×を書いてください。
　　田中博さんについて
　　1)（　　）もうすぐ大学を卒業する。
　　2)（　　）ペットを飼う人は法律を守らなければならないと思っている。

　　佐藤朝子さんについて
　　3)（　　）珍しいペットを飼うことはよくないと思っている。
　　4)（　　）博君がうちへ遊びに来たら、お正月に撮った写真を見せるつもりだ。

　4. 博さんが朝子さんに送った写真はどれですか。
　　①　　　　　　②　　　　　　③

Ⅱ　珍しいペットを飼っている人を知っていますか。
　あなたはどう思いますか。

タマ川？　アマゾン川？

東京の多摩川に、外国の魚（アマゾンの肉食魚やきれいな色の熱帯魚など200種類以上）がいる。多摩川は今、タマゾン川と呼ばれるようになった。昔からいる日本の魚は外国の魚に食べられて、いなくなるかもしれないと心配されている。

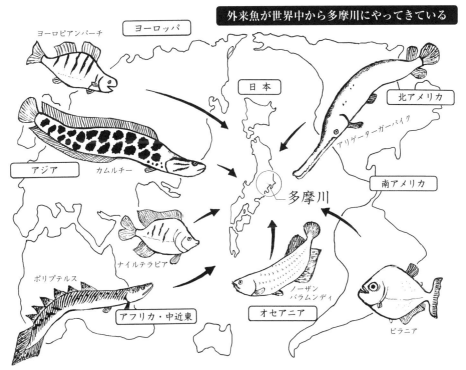

図：P20-21「外来魚が世界中から多摩川にやってきている」
（参考図書：山崎充哲『タマゾン川　多摩川でいのちを考える』旬報社）

第44課 本文

カレー

　カレーライスを食べたことがありますか。

　カレーは、インドなどアジアのいろいろな国でよく食べられています。あなたの国にもありますか。日本のカレーと同じですか。日本では白いごはんの上にカレーをかけて食べるカレーライスが多いです。

　カレーは明治時代の初めにイギリスから日本に紹介されました。18世紀にインドでカレーの味を知ったイギリス人が国へ帰って作りました。イギリスでは作り方をちょっと変えて、イギリス人が好きな味にしました。日本人はこのイギリスの作り方を習いました。

　今のカレーにはいろいろな野菜が入っていますが、明治時代のカレーにはあまり入っていませんでした。肉は牛肉などのほかに、エビやカエルを使いました。値段も高すぎましたから、普通の人はあまり食べることができませんでした。

　明治時代の終わりに日本でカレー粉が作れるようになって、値段も安くなりました。いろいろな野菜も使われるようになりました。カレーは作り方が簡単だし、栄養もあるので、軍隊でよく作られました。軍隊でカレーを食べた人たちが、うちでもカレーを作って食べました。それで、日本中でカレーを食べるようになったと言われています。

　1950年代に固形のカレールウができて、まえよりもっと作りやすくなりました。それで、カレーを食べる人が増えました。

　カレーを使った食べ物は人気があって、カレーライスのほかに、カレーパン、カレーうどんなどもよく食べられています。

　アメリカのスーパーでは日本のカレールウをたくさん売っています。あるインド人はそれを買って食べてみました。「うん、うまい。日本のカレーも

悪くない」と言って、国へ買って帰りました。日本のカレーは日本料理と言ってもいいでしょう。

　おいしくて、安くて、簡単に作れる日本のカレー。あなたも今晩はカレーにしませんか。

Ⅰ　1．正しいものに○、正しくないものに×を書いてください。
　　　1）（　　）　日本人はインドのカレーの作り方をイギリス人から習った。
　　　2）（　　）　明治時代の終わりにカレーの値段が安くなった。
　　　3）（　　）　日本ではカレーライスのほかに、カレーを使ったいろいろな食べ物がある。
　　　4）（　　）　あるインド人はアメリカで日本のカレールウを買って、インドへ持って帰った。

　　2．どうして日本中でカレーを食べるようになったのですか。

Ⅱ　あなたの国にもカレーがありますか。
　　どんなカレーですか。

カレーあれこれ

インスタントカレーの生産量

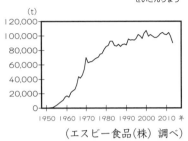

(エスビー食品(株)調べ)

左のグラフを見てください。1950年代から1960年代の間にカレーの生産量が3倍以上になったのがわかります。

カレーはいろいろなスパイスで作られています。辛いスパイスを食べると、体温が上がりますが、その後だんだん下がります。カレーは体温を下げるので、暑い夏に食べるといいと言う人もいます。

辛いスパイスを食べたときの体温

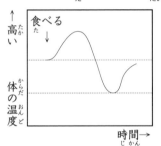

((財)科学技術協会発行「カレーのひみつ」より)

いろいろなカレー

カレー粉

カレールウ

(エスビー食品(株)提供)

レトルト

(大塚食品(株)提供)

カップめん

インスタントカレーライス

かんづめ

(日清食品(株)提供)

((株)トマトコーポレーション 提供)

第44課 プラスアルファ

料理教室

きょうは「お好み焼き」を作ってみましょう。

―材料（4人分）―

小麦粉 2カップ、水 1カップ、卵 2個、キャベツ 1/2個

肉やエビなど 100グラム、ソース、かつおぶし、青のり、塩

1) 小麦粉に、水と卵と塩を入れて混ぜる。よく混ぜたら、小さく切ったキャベツを入れてもう一度混ぜる。

2) フライパンを熱くして、油を塗って、1)を入れて、丸く広げる。厚さを2センチぐらいにする。厚すぎると、中が焼けない。

3) 肉やエビなど、好きな物を焼いて、2)の上に載せる。

4) 下側と周りが焼けたら、裏返す。火が強いと、焦げやすいので注意する。焼きすぎると、まずくなる。

5) 2、3回裏返して、焼けたら、ソースをかけて、かつおぶしと青のりを載せて食べる。

1.「お好み焼き」の作り方

1( ) → 2( ) → 3( ) → 4( )

a　　b　　c　　d

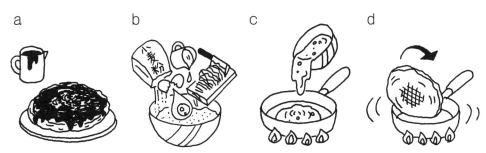

2. あなたも何か料理の作り方を紹介してください。

第45課 本文

119番に電話をかける

　急に病気になったり、大きなけがをしたりした場合は、すぐ119番に電話をかけて、救急車を呼ばなければなりません。しかし、電話をしたのに、うまく話せなくて、時間をむだにしてしまう場合があります。

　消防署で、こんな話を聞きました。

　「ある日、119番の電話がありました。女の人が『赤ちゃんが、赤ちゃんが』と言いながら泣いているんです。でも、赤ちゃんがどうしたのか、救急車はどこへ行けばいいのか、わかりません。『大丈夫ですから、落ち着いてください』と言って、やっと住所と名前を聞くことができました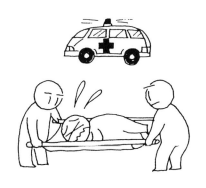が、救急車の出発が少し遅れてしまいました。急に家族が倒れたり、けがをしたりすると、たいていの人はびっくりして、ちゃんと話せなくなるんですね。」

　こんなとき、どうすれば電話で必要なことをきちんと伝えることができるか、消防署の人に聞いてみました。

　大切なことは次の4つです。

　①まず、病気か火事か、言う。(病気の場合は救急車、火事の場合は消防車)
　②名前と住所を言う。
　③病院へ運ぶ人は男の人か女の人か、言う。年齢も言う。
　④様子を説明する。

　「電話のそばに、住所と名前、電話番号が書いてあるメモをはっておいてください。慌てていても、メモがあれば、それを読むことができます。気持

ちも落ち着きます」と、消防署の人はアドバイスしてくれました。
　非常の場合に、うまく電話がかけられるように、準備しておきましょう。

(1999年9月26日朝日新聞より要約)

I　正しいものに○、正しくないものに×を書いてください。
　1）（　）　急に病気になったら、しばらく様子を見てから、119番に電話をかける。
　2）（　）　火事の場合も、急に病気になった場合も、119番に電話する。
　3）（　）　119番に電話をかけたとき、名前と住所を必ず言う。
　4）（　）　非常の場合は、電話で必要なことを伝えるのにメモが役に立つ。

II　あなたや家族が急に病気になったり、けがをしたりしたことがありますか。そのとき、どうしましたか。

第45課　プラスアルファ

危ない！

　ある日、ミラーさんは道を渡っていました。そのとき、向こう側にいた日本人の友達が「危ない！」と叫びました。ミラーさんは何が危ないのか、よくわかりませんでしたが、止まりました。車がミラーさんの前をすごいスピードで走って行きました。

　次の日、ミラーさんは車を駐車場に止めようと思って、バックしていました。隣に座っていた日本人の友達が「ぶつかる！」と叫びました。びっくりしたミラーさんはどうしたらいいか、わかりませんでした。車はうしろの壁にぶつかってしまいました。

　ミラーさんはどうして友達が「止まれ！」とか、「ブレーキを踏め！」とか、言わなかったのか、不思議だと思いました。

　それで、いろいろな場合に日本人が何と言うか、聞いてみました。

☆　右のページの1)〜6)の場合は、どんなことばが使われると思いますか。
　　a〜fから選んでください。

　　a．ぶつかる　　b．落ちる　　c．倒れる
　　d．折れる　　　e．邪魔　　　f．うるさい

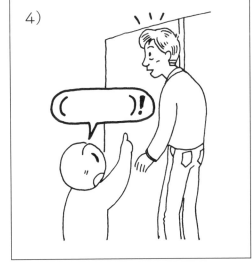

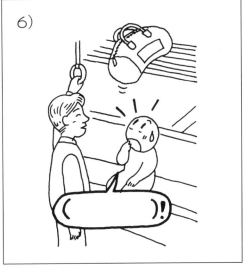

第45課 プラスアルファ

第46課 本文

いとこの長靴

　僕は3歳のとき、パトカーに乗ったことがあります。冬のある日の午後でした。友達の健ちゃんの家へ遊びに行こうと思いました。母は弟の世話で忙しそうでしたから、僕は「健ちゃんのうちへ行く」と言って一人で出かけました。お古の長靴をはいていました。いとこが大きくなって、はけなくなったので、くれたのです。もらったばかりで、うれしかったのをよく覚えています。

　健ちゃんのうちは隣の建物の5階で、建物は入り口が4つもありました。僕は何回も遊びに行ったことがあるのに、どれかよくわかりませんでした。「右から2つ目の入り口のはずだ」と思って、5階まで頑張って上りました。ドアをノックしましたが、ドアを開けた女の人は全然知らない人でした。「健ちゃんと遊ぶ」と言いましたが、その人は健ちゃんを知りませんでした。ここに引っ越ししたばかりだったのです。

　名前を聞かれたので、「みのる」と答えました。家はどこか、父の名前は何か聞かれましたが、僕は答えられませんでした。女の人は僕の服や長靴を調べて、長靴の中にいとこの名前が書いてあるのを見つけました。でも、その名前は僕が言ったのと違うし、住所もないので、女の人は僕を近くの交番へ連れて行きました。

　警官が名前とうちを聞きました。僕は名前を教えましたが、警官も長靴の名前を見て、信じてくれませんでした。僕はパトカーで警察署へ連れて行かれました。ほかの警官がまた同じ質問をしましたが、僕はもう何も答えませんでした。

　5時ごろやっと両親が来ました。僕はテレビを見ながら、警官がくれた

パンを食べているところでした。両親の顔を見て、大きな声で泣いてしまいました。母は健ちゃんのうちへ迎えに行きましたが、僕がいなかったので、びっくりしました。それで、警察に連絡したのです。両親は警官にしかられました。

　僕はそれからしばらくパトカーに乗ったことが自慢でした。

Ⅰ　1.「僕」はどんな顔だったと思いますか。a～eを入れてください。
　　　1）長靴をはいて出かけるところ　（　）
　　　2）知らない女の人に会ったとき　（　）
　　　3）パトカーに乗っているところ　（　）
　　　4）警察署で名前を聞かれたとき　（　）
　　　5）両親が迎えに来たとき　　　　（　）

　　2. 答えてください。
　　　1）どうして長靴にいとこの名前が書いてあったのですか。
　　　2）どうして「僕」は警察署で質問されても、答えませんでしたか。
　　　3）警官は両親にどんなことを言ったと思いますか。

Ⅱ　子どものとき、どんな出来事がありましたか。話してください。

第46課 プラスアルファ

俳句

俳句は日本で生まれた世界でいちばん短い17音の詩です。

俳句は作るときに規則があります。
- 17音を五・七・五のリズムにして作る。
- 季節を表すことばを入れる。
- 気持ちを強く伝えたり、リズムをよくしたりするために「や」「かな」などを使う。

今は規則を守らないで作る新しい俳句もあります。

いっしょに有名な俳句を読んでみましょう。

1)
あの月を
とってくれろと
泣く子かな

小林一茶

空にきれいな月が出ています。「とってくれろ」は「とってください」という意味です。子どもが「あの月が欲しいよ」と言って泣いています。

2)
こがらしや
海に夕日を
吹き落とす

夏目漱石

風が強い日です。ちょうど夕日が海に沈むところです。ああ、沈んでしまいました。強い風が夕日を吹き落としたのです。寒そうです。

3)
しずかさや
岩にしみいる
蟬の声

松尾芭蕉

ここは高い山の上のお寺です。人が全然いません。蟬の声だけが聞こえています。とても静かです。

4)
菜の花や
月は東に
日は西に

与謝蕪村

ここは黄色の菜の花が咲いている広い畑です。東の空に大きい月が上がったばかりです。西の空では、今にも日が沈みそうです。昼が夜になるところです。

1. 1)〜4)の俳句の季節は春、夏、秋、冬のいつですか。

2. あなたも俳句を作ってみてください。

第46課 プラスアルファ

第47課 本文

空を飛ぶ自動車

　空を飛ぶ自動車が欲しいと思ったことはありませんか。マンガや映画の中で見たことがある人もいるでしょう。
　実は、アメリカのある会社がほんとうに空を飛べる車（スカイカー）を作って、売っているのです。この会社が2012年に発表したスカイカーは空に上がるとき、762メートルの滑走路が必要です。値段は2,300万円でしたが、100人が予約をしたそうです。
　そして、次の年にこの会社は垂直に飛べるスカイカーを作っていると発表しました。道が込んでいたら、すぐ空へ上がって、すいている場所まで飛ぶことができるそうです。交通の規則など、まだいろいろ問題があるようですが、実際に運転できるようになったら、おもしろいですね。

車の名前	TF-X
乗れる人	4人
いちばん速い速度	322 km/h
飛べる距離	805 km
燃料	ハイブリッド（ガソリン、電気）
その他	垂直に上がれる、下がれる

（参考：http://www.terrafugia.com/tf-x）

Ⅰ 1. 正しいものに○、正しくないものに×を書いてください。
　　1)（　） スカイカーは飛行機と同じだ。
　　2)（　） 今、アメリカでスカイカーが買える。
　　3)（　） 2012年に発表したスカイカーは道が込んでいたら、
　　　　　　　すぐ空に上がって、飛べる。

　2. スカイカーの広告です。①～③に数字を書いてください。

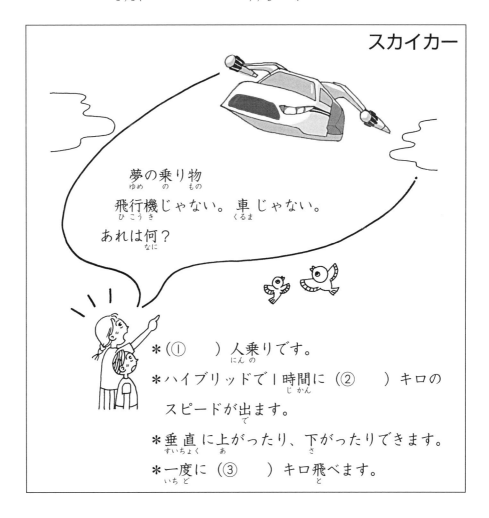

Ⅱ 1. スカイカーにはどんな問題があると思いますか。

　2. どんな乗り物があったら、便利だと思いますか。

第47課 プラスアルファ

ほんとうにあるのは？

あると、便利な物をいろいろ集めてみました。

〈元気になるズボン〉
年を取ると、足が弱くなる。このズボンをはくと、足が強くなって、歩けるようになるそうだ。

〈目薬コンタクトレンズ〉
目薬になっていて、朝、目に入れると、1日、コンタクトレンズになる。寝るときは、目を洗えばいいそうだ。

〈クレジットカードになる時計〉
機械に時計を見せれば、お金が払える。朝から晩までほとんどの人は時計を外さないから、安全だそうだ。

〈電車ヘルメット〉
電車で寝るとき、かぶる。
頭が動かないので、隣の人に迷惑をかけないで、
寝られるそうだ。
それに、帽子に降りたい駅の名前を書いておくと、
ほかの人に起こしてもらえる。

〈折り畳み式の橋〉
地震や台風で橋が壊れた場合に、使われる。
10分で橋ができるそうだ。長さは3メートルから
21メートルまである。
とても便利で、すばらしい発明だ。

1. ほんとうにあるのはどれだと思いますか。

2. あなたはどんな物があったら、便利だと思いますか。

第48課 本文

竹取物語
たけとりものがたり

　昔、ある所におじいさんとおばあさんが住んでいました。おじいさんは山から竹を取って来て、いろいろな物を作って、売っていました。

　ある日、おじいさんは不思議な光を出している竹を見つけて、切りました。中には小さな、かわいい女の子がいました。子どもがいないおじいさんとおばあさんはとても喜んで、女の子に「かぐや姫」という名前をつけて、大切に育てました。かぐや姫はどんどん大きくなって、とてもきれいになりました。

　美しいかぐや姫のことを聞いて、男たちが結婚を申し込みに来ました。「どうぞ、かぐや姫と結婚させてください。」おじいさんはかぐや姫に男たちの気持ちを伝えましたが、かぐや姫は結婚したくないと言いました。

　しかし、5人の男があきらめなかったので、「わたしがお願いした物を探して来た人と結婚します」と言って、男たちを遠い国へ行かせました。かぐや姫が男たちに頼んだ物はとても珍しくて、探すのが大変でした。1人はインドへ仏の石の鉢を探しに行きました。1人は東の海にある山へ行って、宝石でできた木の枝を取って来なければなりませんでした。1人は絶対に燃えないねずみの皮の着物を探しに中国へ行きました。1人は竜の首の玉を、1人はつばめが持っている珍しい貝を取って来なければなりませんでした。しかし、3年過ぎても、だれも頼んだ物を持って来ることができませんでした。無理なことをして、病気になった男や死んでしまった男もいました。

　天皇もかぐや姫が好きになり、妻にしたいと思いました。何回も手紙で気持ちを伝えましたが、「はい」と言わせることはできませんでした。

　そして、また3年が過ぎて、夏になりました。かぐや姫は毎晩月を見て泣くようになりました。

「かぐや姫、どうしたの？」

「わたしはこの世界の者ではありません。月の世界から来たのです。次の満月の晩に月へ帰らなければなりません。それで、とても悲しいのです。」

　びっくりしたおじいさんは天皇に「かぐや姫を帰らせないでください」とお願いしました。満月の夜、天皇はたくさんの兵隊におじいさんの家を守らせました。しかし、夜中に家の周りは不思議な光でいっぱいになって、兵隊たちは何も見えなくなりました。月から車が迎えに来たのです。かぐや姫が乗った月の車は空を飛んで行きました。

　ところで、かぐや姫は帰るときに、おじいさんたちに贈り物をしました。それは「不死の薬」でした。しかし、おじいさんとおばあさんはとても悲しんで、薬を飲まないで、死んでしまいました。天皇はかぐや姫がいない世界で生きていても、意味がないと思って、高い山の上で薬を焼かせました。それから、その山は「不死の山」から「富士の山」、そして、「富士山」という名前になったのです。

I 1. a～fを話の順に並べてください。

1（ ）→ 2（ ）→ 3（ ）→ 4（ ）→ 5（ ）→ 6（ ）

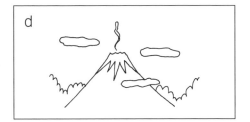

2. 正しい答えを選んでください。

1）かぐや姫は地球の人でしたか。

①はい　　②いいえ

2）かぐや姫は男たちに何をさせましたか。

①外国旅行をする
②結婚の準備をする
③珍しい物を探す

3）かぐや姫は天皇と結婚したいと思いましたか。

①はい　　②いいえ

4）かぐや姫はどうして悲しそうでしたか。

　①月が嫌いだから

　②おじいさんたちと別れなければならないから

　③地球の人と結婚できないから

5）どうして天皇は不死の薬を焼かせましたか。

　①おじいさんたちが死んだから

　②薬が嫌いだから

　③長生きしても、意味がないから

Ⅱ　あなたの国に月に関係がある話がありますか。

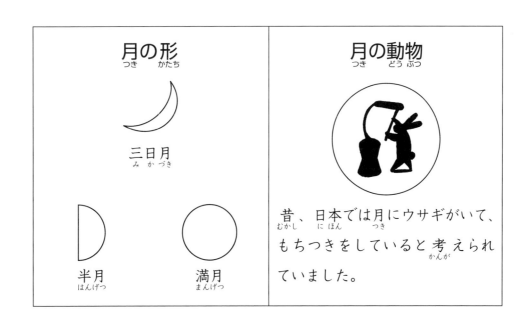

第49課 本文

人生
じんせい

では、新郎新婦をご紹介いたします。

新郎の宝田太郎さんは1971年に京都でお生まれになりました。ことし29歳でいらっしゃいます。1993年にさくら大学を卒業なさって、アップル銀行に入られました。銀行に入られて2年目にアメリカの大学に留学なさいました。学生時代は相撲をなさっていて、料理もお上手だそうです。

新婦の花子さんは1965年にニューヨークでお生まれになり、パリ、ロンドン、モスクワで子ども時代を過ごされました。国際人でいらっしゃいます。ご趣味はいろいろなものをデザインすることで、特に帽子のデザインがお好きだそうです。いつかご自分の店を持ちたいとおっしゃっています。

宝田部長はきょう退職なさいます。銀行に入られてから25年、世界中のいろいろな支店にお勤めになりました。働きながら見たこと、考えたことをお書きになり、本を出されました。書きたいことがまだまだあるので、書く時間を作るために、この度銀行をやめる決心をなさいました。デザイナーの花子夫人も賛成なさっているそうです。宝田さんの新しいご出発をお祝いし、ご成功をお祈りして、乾杯！

宝田君、花子さん、ご結婚50周年おめでとうございます。「50年」と口で言うのは易しいですが、ほんとうに長い年月です。50年間いろいろなことがあったでしょう。たぶんけんかもなさったと思います。

これからも健康に気をつけて、お二人で人生を楽しみながら、60周年、70周年をお迎えください。

乾杯！

宝田さん、どうしてこんなに急にいってしまわれたのですか。何を話せばいいか、ことばが見つかりません。たぶん去年先にいかれた奥様にお会いになりたくて、急がれたのですね。わたしたちはとても寂しいですが、宝田さんは今ごろ奥様とお会いになって、いろいろなお話をなさっているのでしょう。

どうぞ安らかにお眠りください。

I १． ①〜⑥にことばか数字を書いてください。

```
宝田太郎
　たからだたろう

1971年　　　京都で生まれた。

1993年　　　（①　　　　　）を出て、アップル銀行に入った。

（②　　　）年　アメリカの大学に留学した。

（③　　　）年　花子と結婚した。

（④　　　）年　（⑤　　歳）で銀行をやめた。

2050年　　　（⑥　　　　　）のパーティーをした。

2060年　　　亡くなった。
```

2．正しいものに○、正しくないものに×を書いてください。
　　1）（　）太郎と花子は長生きした。
　　2）（　）太郎は花子より早く死んだ。
　　3）（　）太郎はいろいろな会社で働いた経験がある。

3．4番目のスピーチはどこでしていると思いますか。
　　①　卒業式　　　　②　葬式　　　　③　スピーチ大会

II １．友達が結婚します。お祝いのスピーチを書いてください。

２．日本では長生きすると、お祝いをします。60歳、70歳、77歳、88歳などです。あなたの国でもお祝いをしますか。

第49課 プラスアルファ

あいさつ状

1) 明けましておめでとうございます。
   ことしもよろしくお願いいたします。

2) ご結婚おめでとうございます。
   ご招待ありがとうございます。
   喜んで出席させていただきます。

3) わたしたち、結婚しました。
   未熟な二人ですが、
   よろしくお願いいたします。

4) 暑中お見舞い申し上げます。
   いかがお過ごしでいらっしゃいますか。
   暑さはまだまだ続きそうです。
   どうぞ無理をなさらないでください。

5) 紅葉がきれいな季節になりました。
   お元気でいらっしゃいますか。
   さて、私、この度下記の住所に引っ越しいたしました。
   お近くにおいでの節はぜひお立ち寄りください。

☆ 1)～5)のあいさつ状はどんなとき、書きましたか。
   a. 夏   b. うちを買ったとき   c. 結婚式に招待されたとき
   d. 正月   e. 結婚したとき

第50課 本文

紫式部に聞く

―― 皆さん、こんにちは。「タイム・マシン」の時間です。きょうは紫式部さんをお迎えしました。紫式部さんは世界で初めての長い小説『源氏物語』をお書きになった方です。
では、伺います。紫式部さんは『源氏物語』をお書きになったとき、1,000年後も読まれると思われましたか。

紫式部　いいえ。今の人気にびっくりしております。マンガやミュージカルにもなっているそうですね。

―― ええ。
どうして1,000年後の今も人気があると思われますか。

紫式部　いろいろな読み方ができるからだと思います。
この小説のテーマは愛ですが、昔も今も愛について人の考え方や気持ちは変わりません。また、平安時代の政治や文化、習慣を知ることができます。

―― 『源氏物語』が外国語に翻訳されているのをご存じですか。

紫式部　はい。こちらへ来るとき、タイムマシンの中で新聞を読みました。英語、フランス語、ドイツ語、イタリア語、ロシア語、中国語に翻訳されているそうですね。

―――― ええ。チェコ語、オランダ語、モンゴル語などにも翻訳されています。タイ語に翻訳されたマンガもあるそうですよ。

紫式部 そうですか。うれしいです。でも、今の日本人は、マンガは読みますが、本はあまり読まないと聞いております。ちょっと残念です。

―――― そうですね。ところで、ご家族を紹介していただけますか。

紫式部 はい。私は20代の終わりごろ結婚いたしました。夫は藤原宣孝と申します。娘が1人おります。
結婚してすぐ夫は九州に転勤になりましたが、私はいっしょに参りませんでした。頭がよくて、おもしろい人でしたが、2年後に病気で死んでしまいました。

―――― それからどうなさいましたか。

紫式部 天皇の奥様に和歌などをお教えする仕事をいたしました。

―――― 働きながら、『源氏物語』を書かれたのですね。

紫式部 はい。仕事を始めるまえから書いておりましたが、働くようになってからも続けました。

―――― そうですか。今の時代の人でだれかお会いになりたい方がいらっしゃいますか。

紫式部 はい。私は小説を書く人に興味がありますので、今人気がある村上春樹さんにぜひお目にかかりたいです。

―――― 村上春樹さんですか。今度機会があれば、お二人の対談をこの番組でお願いしたいです。
きょうはどうもありがとうございました。

I インタビューの内容に合っているものに〇、合っていないものに×を書いてください。

1. 紫式部について
    1) (　) 紫式部は『源氏物語』を書いたとき、1,000年後も読まれると思っていた。
    2) (　) 紫式部の結婚生活はあまり長くなかった。
    3) (　) 紫式部は和歌が上手だった。
    4) (　) 紫式部は仕事を始めてから、『源氏物語』を書いた。

2. 『源氏物語』について
    1) (　) 『源氏物語』は今も読まれている。
    2) (　) 『源氏物語』は平安時代の政治について書かれた小説だ。
    3) (　) 『源氏物語』に書かれている愛は、今の人が考える愛と違う。
    4) (　) 『源氏物語』はアジアの国のことばには翻訳されていない。

II あなたの国の有名な人を「タイム・マシン」の時間に招待して、インタビュー記事を書いてみてください。

第50課 プラスアルファ

お会いできて、うれしいです

　きょうは20世紀に「こちら」へいらっしゃった方に集まっていただきました。まず自己紹介をしていただきましょう。

1) スウェーデンから参りました。私が発明したダイナマイトが戦争に使われて、たくさんの人が亡くなりました。死ぬまえに「わたしのお金は平和のために働いた人にあげてください」と頼みました。

2) 私は画家です。スペインで生まれて、フランスで仕事をいたしました。1930年代にスペインで戦争があったとき、『ゲルニカ』をかきました。この絵で、戦争はよくないと言いたかったのです。

3) 映画をたくさん作りました。40歳のとき作った『羅生門』で、ベネチア国際映画祭金獅子賞をいただいて、とてもうれしかったです。『七人の侍』も有名で、ヨーロッパ、アメリカでも人気がありました。88歳で「こちら」へ参りました。

4) 相対性理論を発見しました。ドイツで生まれましたが、戦争のときアメリカに亡命いたしました。20世紀に活躍なさった皆さんにお会いできて、うれしいです。

☆ 1)～4)の人はだれでしょうか。a～dの中から選んでください。
　　a. ピカソ　　　b. アインシュタイン
　　c. 黒澤明　　　d. ノーベル

著者

牧野昭子（まきのあきこ）

澤田幸子（さわださちこ）

重川明美（しげかわあけみ）

田中よね（たなかよね）

水野マリ子（みずのまりこ）

翻訳

英語　スリーエーネットワーク

インドネシア語　ホラス由美子，PT adiluhung

タイ語　TPA Press, Technology Promotion Association（Thailand-Japan）

ベトナム語　レー・レ・トゥイ

中国語　徐前

韓国語　姜瑢嬉

本文イラスト

向井直子　柴野和香　佐藤夏枝

表紙イラスト

さとう恭子

装丁・本文デザイン

山田武

みんなの日本語　初級Ⅱ　第2版
初級で読めるトピック25

2001年6月5日　初版第1刷発行
2016年1月21日　第2版第1刷発行
2025年5月14日　第2版第11刷発行

著　者　　牧野昭子　澤田幸子　重川明美　田中よね　水野マリ子
発行者　　藤嵜政子
発　行　　株式会社　スリーエーネットワーク
　　　　　〒102-0083　東京都千代田区麹町3丁目4番
　　　　　　　　　　　トラスティ麹町ビル2F
電話　　　営業　03（5275）2722
　　　　　編集　03（5275）2725
　　　　　https://www.3anet.co.jp/
印　刷　　倉敷印刷株式会社

ISBN978-4-88319-712-5　C0081

落丁・乱丁本はお取り替えいたします。
本書の全部または一部を無断で複写複製（コピー）することは著作権法上での例外を除き、禁じられています。
「みんなの日本語」は株式会社スリーエーネットワークの登録商標です。

みんなの日本語シリーズ

みんなの日本語 初級I 第2版

- 本冊（CD付） ………………… 2,750円（税込）
- 本冊 ローマ字版（CD付） …… 2,750円（税込）
- 翻訳・文法解説 …………… 各2,200円（税込）
  英語版／ローマ字版【英語】／中国語版／韓国語版／
  ドイツ語版／スペイン語版／ポルトガル語版／
  ベトナム語版／イタリア語版／フランス語版／
  ロシア語版（新版）／タイ語版／インドネシア語版／
  ビルマ語版／シンハラ語版／ネパール語版
- 教え方の手引き ……………… 3,080円（税込）
- 初級で読めるトピック25 …… 1,540円（税込）
- 聴解タスク25 ………………… 2,200円（税込）
- 標準問題集 …………………… 990円（税込）
- 漢字 英語版 ………………… 1,980円（税込）
- 漢字 ベトナム語版 ………… 1,980円（税込）
- 漢字練習帳 …………………… 990円（税込）
- 書いて覚える文型練習帳 …… 1,430円（税込）
- 導入・練習イラスト集 ……… 2,420円（税込）
- CD 5枚セット ……………… 8,800円（税込）
- 会話DVD ……………………… 8,800円（税込）
- 会話DVD　PAL方式 ………… 8,800円（税込）
- 絵教材CD-ROMブック ……… 3,300円（税込）

みんなの日本語 初級II 第2版

- 本冊（CD付） ………………… 2,750円（税込）
- 翻訳・文法解説 …………… 各2,200円（税込）
  英語版／中国語版／韓国語版／ドイツ語版／
  スペイン語版／ポルトガル語版／ベトナム語版／
  イタリア語版／フランス語版／ロシア語版（新版）／
  タイ語版／インドネシア語版／ビルマ語版／
  シンハラ語版／ネパール語版
- 教え方の手引き ……………… 3,080円（税込）

- 初級で読めるトピック25 …… 1,540円（税込）
- 聴解タスク25 ………………… 2,640円（税込）
- 標準問題集 …………………… 990円（税込）
- 漢字 英語版 ………………… 1,980円（税込）
- 漢字 ベトナム語版 ………… 1,980円（税込）
- 漢字練習帳 ………………… 1,320円（税込）
- 書いて覚える文型練習帳 …… 1,430円（税込）
- 導入・練習イラスト集 ……… 2,640円（税込）
- CD 5枚セット ……………… 8,800円（税込）
- 会話DVD ……………………… 8,800円（税込）
- 会話DVD　PAL方式 ………… 8,800円（税込）
- 絵教材CD-ROMブック ……… 3,300円（税込）

みんなの日本語 初級 第2版

- やさしい作文 ………………… 1,320円（税込）

みんなの日本語 中級I

- 本冊（CD付） ………………… 3,080円（税込）
- 翻訳・文法解説 …………… 各1,760円（税込）
  英語版／中国語版／韓国語版／ドイツ語版／
  スペイン語版／ポルトガル語版／フランス語版／
  ベトナム語版
- 教え方の手引き ……………… 2,750円（税込）
- 標準問題集 …………………… 990円（税込）
- くり返して覚える単語帳 …… 990円（税込）

みんなの日本語 中級II

- 本冊（CD付） ………………… 3,080円（税込）
- 翻訳・文法解説 …………… 各1,980円（税込）
  英語版／中国語版／韓国語版／ドイツ語版／
  スペイン語版／ポルトガル語版／フランス語版／
  ベトナム語版
- 教え方の手引き ……………… 2,750円（税込）
- 標準問題集 …………………… 990円（税込）
- くり返して覚える単語帳 …… 990円（税込）

- 小説 ミラーさん
  ―みんなの日本語初級シリーズ―
- 小説 ミラーさんII
  ―みんなの日本語初級シリーズ―
  ……………………………… 各1,100円（税込）

スリーエーネットワーク

ウェブサイトで新刊や日本語セミナーをご案内しております。
https://www.3anet.co.jp/

みんなの日本語

Minna no Nihongo

初級Ⅱ 第2版

初級で読めるトピック25

ことばの翻訳
(英語・インドネシア語・タイ語・
ベトナム語・中国語・韓国語) …… 2

解答 …… 54

教師用ガイド …… 59

スリーエーネットワーク

ことばの翻訳

第26課　本文　宇宙ステーションの生活はどうですか

（うちゅう）ステーション　（宇宙）ステーション	(space) station	stasiun (luar angkasa)	สถานี (อวกาศ)
ーキロ	– kilometer	– kilometer	—กิโลเมตร
とびます　飛びます	fly	terbang	บิน
まわります　回ります	go round	berputar mengelilingi	หมุนรอบ, เวียนรอบ
グリニッジひょうじゅんじ　グリニッジ標準時	Greenwich mean time	waktu Greenwich	เวลามาตรฐานกรีนิช
うちゅう　宇宙	space, universe	angkasa luar	อวกาศ
じゅうりょく　重力	gravity	gaya gravitasi	แรงโน้มถ่วง
ふつうの　普通の	ordinary	biasa	ปกติ, ธรรมดา, ทั่วไป
4、5にち　4、5日	four or five days	selama empat sampai lima hari	4, 5 วัน
はこびます　運びます	carry, transport	diangkat	แบก, ขนย้าย
おしっこ	pee, urine	urine	ปัสสาวะ
リサイクル	recycle	daur ulang	รีไซเคิล
かわりに　代わりに	instead	sebagai gantinya	แทน
ふきます	wipe	mengelap	เช็ด
ーセンチ	– centimeter	– sentimeter	—เซนติเมตร
しかし	but	tetapi	แต่
まえ	before	semula	แบบแต่ก่อน
おなじ　同じ	same	sama	เหมือน
ただしい　正しい	correct	benar	ถูกต้อง

第26課　プラスアルファ　クイズ　宇宙

クイズ	quize	kuis	ควิซ, คำถาม
うちゅう　宇宙	space, universe	luar angkasa	อวกาศ
（うちゅう）ステーション　（宇宙）ステーション	(space) station	stasiun (luar angkasa)	สถานี (อวกาศ)
まわります　回ります	go round	berputar	หมุนรอบ, เวียนรอบ
じそく　時速	speed per hour	kecepatan per jam	ความเร็วต่อชั่วโมง
ーキロ	– kilometer, – kilogram	– kilometer, – kilogram	—กิโลเมตร, —กิโลกรัม
とびます　飛びます	fly	terbang	บิน
おおきさ　大きさ	size, scale	besarnya	ขนาด
ひろさ　広さ	size, area	luasnya	ขนาด, ความกว้าง
サッカーじょう　サッカー場	soccer ground	lapangan sepak bola	สนามฟุตบอล
ジャンボジェットき　ジャンボジェット機	jumbo jet	*jumbo jet*	เครื่องบินจัมโบ้ (เครื่องบินขนาดใหญ่ที่จุดคนได้หลายร้อยคน)
コップ	glass, cup	gelas	ถ้วย, แก้ว

2

第26課　本文　宇宙ステーションの生活はどうですか

（うちゅう）ステーション　（宇宙）ステーション	trạm (vũ trụ)	航天站	（우주）정거장
ーキロ	– ki-lô-mét	– 公里	– 킬로
とびます　飛びます	bay	飞	납니다
まわります　回ります	quay quanh	绕	돕니다
グリニッジひょうじゅんじ　グリニッジ標準時	giờ GMT	格林尼治平均时	그리니치 표준시
うちゅう　宇宙	vũ trụ	宇宙	우주
じゅうりょく　重力	trọng lực	重力	중력
ふつうの　普通の	bình thường	普通的、一般的	보통
4、5にち　4、5日	4, 5 ngày	4、5天	사오일
はこびます　運びます	chở, mang	运	나릅니다
おしっこ	nước tiểu	尿	오줌
リサイクル	tái chế	再利用	재활용
かわりに　代わりに	thay vào đó	取而代之	대신
ふきます	lau	擦	닦습니다
ーセンチ	– cm	– 厘米	– 센치
しかし	nhưng	但是	하지만
まえ	trước	以前	전
おなじ　同じ	giống	一样	같다
ただしい　正しい	đúng	正确	옳다

第26課　プラスアルファ　クイズ　宇宙

クイズ	câu đố	问答	퀴즈
うちゅう　宇宙	vũ trụ	宇宙	우주
（うちゅう）ステーション　（宇宙）ステーション	trạm (vũ trụ)	航天站	（우주）정거장
まわります　回ります	quay quanh	绕	돕니다
じそく　時速	vận tốc	时速	시속
ーキロ	– ki-lô-mét, – ki-lô-gam	– 公里、– 公斤	– 킬로
とびます　飛びます	bay	飞	납니다
おおきさ　大きさ	kích cỡ, độ lớn	大小	크기
ひろさ　広さ	độ rộng, diện tích	宽窄	넓이
サッカーじょう　サッカー場	sân bóng đá	足球场	축구장
ジャンボジェットき　ジャンボジェット機	máy bay jumbo jet	超巨型喷气式飞机	점보제트기
コップ	cốc	杯子	컵

－はい（－ぱい、－ばい） 　－杯	– glass or cup of (counter for full cups, glasses, etc.)	– gelas	－ถ้วย, －แก้ว (ลักษณนามของถ้วยหรือแก้ว)
はこびます　運びます	carry, transport	diangkat	แบก, ขนย้าย
くうき　空気	air	udara	อากาศ
くうちゅう　空中	the air	udara	กลางอากาศ
うきます　浮きます	float	terapung	ลอย
まるい　丸い	round	bulat	กลม
きこえます　聞こえます	can be heard	terdengar	ได้ยิน
うちゅうひこうし 　宇宙飛行士	astronaut	antariksawan, *astronaut*	นักบินอวกาศ

第27課　本文　忍者

にんじゃ　忍者	ninja	Ninja	นินจา
むかし　昔	old days, ancient times	dahulu kala	สมัยก่อน, เมื่อก่อน, ในอดีต
スパイ	spy	mata-mata	สายลับ
きびしい　厳しい	hard	keras	เข้มงวด
くんれん　訓練	training	latihan	การฝึกฝน
せんしゅ　選手	athlete, player	atlet	นักกีฬา
おなじ　同じ	same	sama	เหมือน
かべ　壁	wall	dinding	กำแพง
まちがい	mistake, misunderstanding	kesalahan	ข้อผิดพลาด, ความเข้าใจผิด
そら　空	sky	langit	ท้องฟ้า
とびます　飛びます	fly	terbang	บิน
じっさいは　実際は	actually, in fact	kenyataannya	ความจริงแล้ว, อันที่จริง
それで	and so	karena itu, semua itu	ดังนั้น, ด้วยเหตุนี้
ふつうの　普通の	ordinary	biasa	ปกติ, ธรรมดา, ทั่วไป
かいてんします 　回転します	turn	berputar	หมุนรอบ
きえます　消えます	disappear	menghilang	หายลับไป
ひみつ　秘密	secret	rahasia	ความลับ
ただしい　正しい	correct	benar	ถูกต้อง
こたえます　答えます	answer	menjawab	ตอบ

忍者教室

みえけんいがし 　三重県伊賀市	Iga City in Mie prefecture	kota Iga, prefektur Mie	เมืองอิงะ จังหวัดมิเอะ
しがけんこうかし 　滋賀県甲賀市	Koka City in Shiga prefecture	kota Koka, prefektur Shiga	เมืองโคกะ จังหวัดชิงะ
まきます	sprinkle	menyiramkan	รด
やぶります　破ります	break, tear	merobek	ทำขาด, ทำลาย
かた　肩	shoulder	bahu	บ่า, ไหล่
ひも	string	tali	เชือก
つけます	attach	mengikat	ผูก
つきます	touch	menyentuh	โดน, แตะ

－はい（－ぱい、－ばい）　－杯	– cốc, bát… (lượng từ đếm cốc, bát, li, chén…)	－杯	－잔
はこびます　運びます	chở, mang	运	나릅니다
くうき　空気	không khí	空气	공기
くうちゅう　空中	không trung	空中	공중
うきます　浮きます	nổi	浮	뜹니다
まるい　丸い	tròn	圆	둥글다
きこえます　聞こえます	nghe thấy	听见	들립니다
うちゅうひこうし　宇宙飛行士	nhà du hành vũ trụ	宇航员	우주비행사

第27課　本文　忍者（にんじゃ）

にんじゃ　忍者	Ninja	隐身人	닌자
むかし　昔	ngày xưa, thời trước	从前	옛날
スパイ	gián điệp	间谍	첩보원
きびしい　厳しい	nghiêm khắc, khắt khe	严格	엄격하다
くんれん　訓練	huấn luyện	训练	훈련
せんしゅ　選手	vận động viên	选手	선수
おなじ　同じ	giống	一样	같다
かべ　壁	bức tường	墙壁	벽
まちがい	nhầm lẫn, sai	错误、过错	틀린 점, 다른 점
そら　空	trời	天空	하늘
とびます　飛びます	bay	飞	납니다
じっさいは　実際は	thực tế	实际	실제는
それで	vì vậy	因此	그래서
ふつうの　普通の	bình thường	普通的、一般的	보통
かいてんします　回転します	xoay	旋转	회전합니다
きえます　消えます	biến mất	消失	사라집니다
ひみつ　秘密	bí mật	秘密	비밀
ただしい　正しい	đúng	正确	옳다
こたえます　答えます	trả lời	回答	대답합니다

忍者教室（にんじゃきょうしつ）

みえけんいがし　三重県伊賀市	thành phố Iga, tỉnh Mie	三重县伊贺市	미에현 이가시
しがけんこうかし　滋賀県甲賀市	thành phố Koka, tỉnh Shiga	滋贺县甲贺市	시가현 코우카시
まきます	vẩy	撒	뿌립니다
やぶります　破ります	làm rách	弄破	찢습니다
かた　肩	vai	肩膀	어깨
ひも	sợi dây	带子、细绳	끈
つけます	gắn, buộc	系上	매답니다
つきます	chạm	触到	닿습니다

あさ　麻	flax	rami	ต้นป่าน
うえます　植えます	plant	menanam	ปลูก
とびます　跳びます	jump	melompati	กระโดด (ข้าม)

第28課　本文　昼ごはんはどこで？　何を？

メニュー	menu	menu	เมนู
カロリー	calorie	kalori	แคลอรี่
ほとんど	almost all	kebanyakan	ส่วนใหญ่, เกือบทั้งหมด
がいしょく　外食	eating out	makan di luar	การรับประทานอาหารนอกบ้าน
えいよう　栄養	nutrition	gizi	สารอาหาร, คุณค่าทางอาหาร
しゅふ　主婦	housewife	ibu rumah tangga	แม่บ้าน
ひがわりランチ　日替わりランチ	daily lunch special	makan siang yang menunya berganti	อาหารกลางวันพิเศษประจำวัน
おしゃべりします	chat	mengobrol	พูดคุย
おかず	side dish	lauk pauk	กับข้าว
まあまあ	not so bad	lumayan	เฉย ๆ, ธรรมดา
なれます　慣れます	get used to	terbiasa	คุ้นชิน
しょうがく１ねんせい　小学１年生	first grader	kelas satu SD	ชั้นประถมศึกษาปีที่ 1
きゅうしょく　給食	school lunch	makan siang yang disiapkan di sekolah	อาหารที่โรงเรียนจัดเตรียมให้
しょうがくせい　小学生	elementary school student	murid SD	นักเรียนประถม
だいがくせい　大学生	university student	mahasiswa	นักศึกษา

第29課　本文　わたしの失敗

しっぱい　失敗	failure, mistake	kegagalan	ความล้มเหลว, ความผิดพลาด
とおりすぎます　通り過ぎます	pass	melewati	เลย, ผ่าน
うれしい	glad, happy	senang	ดีใจ
〜のあとで	after 〜	setelah 〜, seusdah 〜	หลัง〜, หลังจาก〜
バスタブ	bathtub	bak mandi	อ่างอาบน้ำ
ふろば　ふろ場	bathroom	kamar mandi	ห้องอาบน้ำ
びっくりします	be surprised	terkejut	ตกใจ, ประหลาดใจ
ベル	doorbell	bel	กริ่งประตู, ออด
ただしい　正しい	correct	benar	ถูกต้อง
こたえます　答えます	answer	menjawab	ตอบ

第30課　本文　日本でいちばん

ひろしまけんふくやまし　広島県福山市	Fukuyama City in Hiroshima prefecture	kota Fukuyama, prefektur Hiroshima	เมืองฟุกุยามะ จังหวัดฮิโรชิมา
しらせます　知らせます	inform	memberitahukan	แจ้งให้ทราบ
おきどけい　置き時計	table clock	jam meja	นาฬิกาตั้งโต๊ะ
そのほかの	other	yang lain	อื่น ๆ, นอกเหนือจากนั้น
うるさい	noisy	ribut	เสียงดัง, หนวกหู

あさ　麻	cây gai dầu	麻	삼（마，삼베 원료）
うえます　植えます	trồng	栽种	심습니다
とびます　跳びます	nhảy	跳	뜁니다

第28課　本文　昼ごはんはどこで？　何を？

メニュー	thực đơn	菜单	메뉴
カロリー	ca-lo	热量	칼로리
ほとんど	hầu hết	几乎、大部分	대부분
がいしょく　外食	ăn bên ngoài	在外吃饭	외식
えいよう　栄養	dinh dưỡng	营养	영양
しゅふ　主婦	nội trợ	主妇、家庭妇女	주부
ひがわりランチ　日替わりランチ	thực đơn thay đổi theo ngày	日日新午餐	날마다 바뀌는 점심 메뉴
おしゃべりします	chuyện trò, nói chuyện	聊天儿	수다 떱니다
おかず	thức ăn	菜	반찬
まあまあ	bình thường, tàm tạm	还算可以	그럭저럭
なれます　慣れます	quen	习惯	익숙해집니다
しょうがく１ねんせい　小学１年生	học sinh lớp một	一年级小学生	초등학교 1년생
きゅうしょく　給食	bữa ăn học đường, bữa ăn bán trú	供给饮食（学校提供的午餐）	급식
しょうがくせい　小学生	học sinh tiểu học	小学生	초등학생
だいがくせい　大学生	sinh viên	大学生	대학생

第29課　本文　わたしの失敗

しっぱい　失敗	thất bại	失败	실패
とおりすぎます　通り過ぎます	đi quá, đi qua	走过、通过	통과합니다
うれしい	vui, mừng	高兴	기쁘다
〜のあとで	sau 〜	在〜之后	〜후에
バスタブ	bồn tắm	浴缸	욕조
ふろば　ふろ場	nhà tắm	浴室	욕실
びっくりします	giật mình, ngạc nhiên	吃惊	놀랍니다
ベル	chuông	门铃	초인종
ただしい　正しい	đúng	正确	옳다
こたえます　答えます	trả lời	回答	대답합니다

第30課　本文　日本でいちばん

ひろしまけんふくやまし　広島県福山市	thành phố Fukuyama, tỉnh Hiroshima	广岛县福山市	히로시마현 후쿠야마시
しらせます　知らせます	thông báo	告知	알립니다
おきどけい　置き時計	đồng hồ để bàn	座钟	탁상시계
そのほかの	ngoài ra khác	其他的	그 외의
うるさい	ồn ào, ầm ĩ	吵	시끄럽다

きまった　決まった	regular	tertentu	ที่กำหนดไว้
なります　鳴ります	ring	berbunyi	ดัง, ส่งเสียงร้อง
ほとんど	almost all	rata-rata	ส่วนใหญ่, เกือบทั้งหมด
ねじ	spring	sekrup	ลาน (นาฬิกา)
［ねじを］まきます　［ねじを］巻きます	wind	menyetel	ไข [ลานนาฬิกา]
～じゅう　～中	all ～ long	sepanjang ～	ตลอด～, ทั้ง～
いちどに　一度に	at the same time	serentak	พร้อมกันทีเดียว
すこしずつ　少しずつ	slightly	sedikit demi sedikit	อย่างละนิด, เล็กน้อย
ちがいます　違います	be different	berbeda	แตกต่างกัน
そんなに	that (many, etc.)	begitu	...ขนาดนั้น
こっとうや　骨董屋	antique shop	toko barang antik	ร้านขายของเก่า, ร้านขายของโบราณ
みつけます　見つけます	find	menemukan	ค้นพบ, เจอ
はなれ　離れ	detached room	rumah yang terpisah	ห้องที่อยู่แยกออกไป
いっぱい	full	penuh	เต็ม
つみます　積みます	pile	menyusun	วางซ้อนกัน, กองสุม
なれます　慣れます	get used to	terbiasa	คุ้นชิน
おなじ　同じ	same	sama	เหมือน
はくぶつかん　博物館	museum	museum	พิพิธภัณฑ์
このままにします	leave them as they are	membiarkan begini saja	ปล่อยไว้แบบนี้
ただしい　正しい	correct	benar	ถูกต้อง
はこびます　運びます	carry	membawa	แบก, ขนย้าย

第30課　プラスアルファ　伝言メモ

でんごんメモ　伝言メモ	message memo	catatan pesan	กระดาษจดโน้ตฝากข้อความ
してん　支店	branch office	kantor cabang	สาขา
しらせます　知らせます	inform	memberitahukan	แจ้งให้ทราบ
おさきにしつれいします。　お先に失礼します。	Excuse me for leaving before you.	Saya permisi duluan.	ขอตัวกลับก่อน
ゴメン	sorry	maaf	ขอโทษ
サラダ	salad	selada	สลัด
とどきます　届きます	arrive	sampai	(สิ่งของ) ส่งมาถึง
うかがいます　伺います	come (humble equivalent of きます)	datang berkunjung (kata merendahkan diri untuk きます)	มา (คำถ่อมตัวของ きます)
ぜったいに～ない　絶対に～ない	never ～	jangan sekali-kali ～	อย่า～เด็ดขาด
かせいふ　家政婦	housemaid	pembantu rumah tangga	แม่บ้าน, สาวใช้, คนทำงานบ้าน

第31課　本文　1月1日（がつついたち）

まいとし　毎年	every year	setiap tahun	ทุกปี
しんねん　新年	new year	tahun baru	ปีใหม่

きまった　決まった	đã định, nhất định	规定	정해진
なります　鳴ります	kêu, reo	响	울립니다
ほとんど	hầu hết	几乎、大部分	대부분
ねじ	dây cót	发条	태엽
[ねじを]まきます　[ねじを]巻きます	lên, vặn (dây cót)	上表[的发条]	[태엽을]감습니다
〜じゅう　〜中	suốt 〜, cả 〜	在〜中（一直）	〜내내
いちどに　一度に	một lúc	同时	한 번에
すこしずつ　少しずつ	một tí một	稍微	조금씩
ちがいます　違います	khác	不同	다릅니다
そんなに	đến thế	那么	그렇게
こっとうや　骨董屋	cửa hàng đồ cổ	古玩店	골동품 가게
みつけます　見つけます	tìm thấy	发现	발견합니다
はなれ　離れ	bỏ không	偏房（主房另建的）	별채
いっぱい	đầy, nhiều	满	가득
つみます　積みます	để chồng chất, tích trữ	堆积	쌓습니다
なれます　慣れます	quen	习惯	익숙해집니다
おなじ　同じ	giống	一样	같다
はくぶつかん　博物館	bảo tàng	博物馆	박물관
このままにします	để nguyên như này	就这样	이대로 둡니다，이대로 두겠습니다
ただしい　正しい	đúng	正确	옳다
はこびます　運びます	chở, mang	运	나릅니다

第30課　プラスアルファ　伝言メモ

でんごんメモ　伝言メモ	thư nhắn	留言	쪽지
してん　支店	chi nhánh	支店	지점
しらせます　知らせます	thông báo	通知	알립니다
おさきにしつれいします。お先に失礼します。	Tôi xin phép về trước ạ!	我先告辞了。	먼저 실례하겠습니다.
ゴメン	xin lỗi	对不起	미안
サラダ	sa-lát	色拉、凉拌菜	샐러드
とどきます　届きます	được gửi đến	送到	도착합니다
うかがいます　伺います	đến (khiêm tốn ngữ của きます)	拜访（きます的谦逊语）	찾아뵙겠습니다（きます의 겸양어）
ぜったいに〜ない　絶対に〜ない	tuyệt đối không 〜	一定别〜	절대로〜않다
かせいふ　家政婦	người giúp việc	女佣人	가정부

第31課　本文　1月1日

まいとし　毎年	hàng năm	每年	매년
しんねん　新年	năm mới	新年	새해

けつい　決意	resolution	resolusi	ปณิธาน
ふとります　太ります	get fat, gain weight	menjadi gemuk	อ้วนขึ้น
こまります　困ります	be in trouble, have a problem	susah	ลำบาก, มีปัญหา
うんどうします　運動します	(take) exercise	berolahraga	ออกกำลังกาย
できるだけ	as much as possible	sedapat mungkin	มากที่สุดเท่าที่จะทำได้
かいご　介護	care, nursing care	perawatan	การดูแล, การพยาบาล
しかく　資格	qualification	kualifikasi	คุณสมบัติ (ที่กำหนด)
[しかくを]とります　[資格を]取ります	get/gain [a qualification]	memperoleh [kualifikasi]	ได้/มี [คุณสมบัติ]
おうえんよろしくおねがいします。　応援よろしくお願いします。	I would be grateful for your support.	Mohon bantuannya.	ขอกำลังใจจากทุกท่านด้วย
アジア	Asia	Asia	เอเชีย
おどり　踊り	dance	tarian	การเต้นรำ
～にきょうみがあります　～に興味があります	be interested in ～	berminat tentang ～	สนใจเรื่อง～
－ねんせい　－年生	– th grader	kelas –	นักเรียนชั้นปีที่ －
クラブ	club	klub	ชมรม
あしがはやい　足が速い	fast runner	larinya cepat	วิ่งเร็ว
じょうずに　上手に	well	dengan pandai	เก่ง
うちます　打ちます	hit	memukul	ตี
[しあいに]でます　[試合に]出ます	take part in [a game]	ikut [bertanding]	เข้าร่วม [การแข่งขัน]
ただしい　正しい	correct	benar	ถูกต้อง
かならず　必ず	surely	selalu, pasti	อย่างแน่นอน, เสมอ
そのとし　その年	that year	tahun itu	ปีนั้น

第31課　プラスアルファ　あなたは何年生まれ？

～どし　～年	～ year	shio ～	ปี～
～うまれ　～生まれ	be born ～	kelahiran ～	เกิด (ปี)～
むかし　昔	old days, ancient times	dahulu kala	สมัยก่อน, เมื่อก่อน, ในอดีต
かみさま　神様	god	Tuhan	เทพเจ้า
～たち	(plural suffix for people and animals)	(akhiran jamak untuk orang dan hewan)	(คำต่อท้ายแสดงความเป็นพหูพจน์ของคนและสัตว์)
もの	animals	bagi	สัตว์, ใครก็ตาม
ネズミ	rat	tikus	หนู
ウシ	cow	sapi	วัว
さいしょに　最初に	first	pertama	ลำดับแรก
せなか　背中	back	punggung	หลัง, แผ่นหลัง
こっそり	secretly	dengan diam-diam	แอบทำอย่างเงียบ ๆ ไม่เปิดเผย

けつい　決意	quyết tâm	决心	결의
ふとります　太ります	béo	胖	살찝니다
こまります　困ります	khổ	不好办	곤란합니다
うんどうします　運動します	vận động, tập thể thao	运动	운동합니다
できるだけ	hết mức có thể	尽可能地	가능한 한
かいご　介護	chăm sóc, hộ lý	护理	간병, 간호
しかく　資格	bằng, chứng chỉ	资格	자격
[しかくを]とります　[資格を]取ります	lấy [bằng, chứng chỉ]	取得[资格]	[자격을] 땁니다
おうえんよろしくおねがいします。応援よろしくお願いします。	Tôi rất mong nhận được sự ủng hộ của mọi người!	拜托大家予以支持。	응원 부탁합니다.
アジア	châu Á	亚洲	아시아
おどり　踊り	nhảy, múa	舞蹈	춤
～にきょうみがあります　～に興味があります	có quan tâm đến ～, có hứng thú với ～	对～感兴趣	～에 흥미가 있습니다
－ねんせい　－年生	học sinh lớp －	－年级学生	－년생
クラブ	câu lạc bộ	俱乐部（课外活动）	부
あしがはやい　足が速い	chạy nhanh	跑得快	발이 빠르다
じょうずに　上手に	giỏi	好	능숙하게
うちます　打ちます	đánh	打	칩니다
[しあいに]でます　[試合に]出ます	tham gia [cuộc thi]	出场[比赛]	[시합에] 나갑니다
ただしい　正しい	đúng	正确	옳다
かならず　必ず	nhất định	一定	반드시
そのとし　その年	năm đó	那一年	그 해

第31課　プラスアルファ　あなたは何年生まれ？

～どし　～年	tuổi ～, năm con ～	～年	～띠
～うまれ　～生まれ	sinh ～	～出生	～생
むかし　昔	ngày xưa, thời trước	从前	옛날
かみさま　神様	thần	神仙、上帝	신
～たち	những ～, các ～ (đi sau danh từ chỉ người, con vật biểu thị số nhiều)	～们（人或动物的复数表现）	～들（사람이나 동물 등의 복수 표현）
もの	kẻ	者	자
ネズミ	Tí, Chuột	鼠	쥐
ウシ	sửu, trâu	牛	소
さいしょに　最初に	đầu tiên, trước tiên	第一个	제일 처음으로
せなか　背中	lưng	背	등
こっそり	lén, trộm	悄悄	몰래

とびおります 飛び降ります	jump off	terjun	กระโดดออก, กระโดดลง
きまります　決まります	be decided	diputuskan	เป็นที่กำหนด
とし　年	year	shio, tahun	ปี
まもります　守ります	protect	melindungi	ปกป้อง, คุ้มครอง
まいとし　毎年	every year	setiap tahun	ทุกปี
じゅんばんに　順番に	by turns	secara bergiliran	ตามลำดับ
おいかけます 追いかけます	run after	mengejar	วิ่งไล่, ไล่กวด
おこります　怒ります	get angry	marah	โกรธ, โมโห
トラ	tiger	macan	เสือ
ウサギ	rabbit	kelinci	กระต่าย
タツ	dragon	naga	มังกร
ヘビ	snake	ular	งู
ヒツジ	sheep	biri-biri	แกะ
サル	monkey	monyet	ลิง
トリ	rooster	ayam	ไก่
イノシシ	boar	babi hutan	หมูป่า

第32課　本文　桜とお花見

おおくの　多くの	many	banyak	จำนวนมาก
こたえます　答えます	answer	menjawab	ตอบ
さきます　咲きます	bloom	mekar	(ดอกไม้) บาน
ピンクいろ　ピンク色	pink	warna merah muda	สีชมพู
まんかい　満開	full bloom	mekar penuh	บานเต็มที่
ふきます　吹きます	blow	bertiup	(ลม) พัด
いっせいに　一斉に	all at once	serentak	ทีเดียวพร้อมกัน
ちります　散ります	fall	gugur	ร่วง
イベント	event	acara	งานอีเวนท์, กิจกรรม
じき　時期	time, season	masa, musim	ช่วงเวลา, ฤดู
うつります　移ります	move	berpindah	เคลื่อนย้าย, เปลี่ยน
シーズン	season	musim	ฤดูกาล
てんきよほう　天気予報	weather forecast	prakiraan cuaca	พยากรณ์อากาศ
うえのこうえん 上野公園	Ueno Park	taman Ueno	สวนสาธารณะอุเอโนะ
ひろさきじょう　弘前城	Hirosaki Castle	istana Hirosaki	ปราสาทฮิโรซากิ
よそう　予想	forecast	ramalan, prakiraan	การคาดการณ์
1、2しゅうかん 1、2週間	one or two weeks	seminggu sampai dua minggu	1, 2 สัปดาห์
バーベキュー	barbecue	*barbecue*	บาร์บีคิว
ころ	time, days	saat	ตอน..., ช่วง...
めいしょ　名所	noted/famous place	tempat terkenal	สถานที่ที่มีชื่อเสียง, สถานที่ขึ้นชื่อ
～でいっぱい	be filled with ～	penuh dengan ～	เต็มไปด้วย～

とびおります 飛び降ります	nhảy xuống	跳下来	뛰어 내립니다
きまります 決まります	được quyết định	决定	정해집니다
とし 年	năm	年	띠
まもります 守ります	bảo vệ, che chở	保护	지킵니다
まいとし 毎年	hàng năm	每年	매년
じゅんばんに 順番に	lần lượt	按顺序	순서대로
おいかけます 追いかけます	đuổi theo, đuổi bắt	追赶	뒤쫓습니다
おこります 怒ります	tức giận	生气	화냅니다
トラ	Dần, Hổ	虎	호랑이
ウサギ	Mão, Mèo (ở Nhật gọi là tuổi Thỏ)	兔	토끼
タツ	Thìn, Rồng	龙	용
ヘビ	Tị, Rắn	蛇	뱀
ヒツジ	Mùi, Dê	羊	양
サル	Thân, Khỉ	猴	원숭이
トリ	Dậu, Gà	鸡	닭
イノシシ	Hợi, Lợn	猪	멧돼지

第32課　本文　桜とお花見

おおくの 多くの	nhiều	很多的	많은
こたえます 答えます	trả lời	回答	대답합니다
さきます 咲きます	nở	开花	핍니다
ピンクいろ ピンク色	màu hồng	粉红色	분홍색
まんかい 満開	nở rộ	盛开	만개
ふきます 吹きます	thổi	刮	붑니다
いっせいに 一斉に	đồng loạt	一齐、同时	일제히
ちります 散ります	rụng, rơi	飘落	떨어집니다
イベント	sự kiện	活动	이벤트
じき 時期	thời gian, thời kì	时期	시기
うつります 移ります	di chuyển	移动	이동합니다
シーズン	mùa	季节	시즌
てんきよほう 天気予報	dự báo thời tiết	天气预报	일기예보
うえのこうえん 上野公園	Công viên Ueno	上野公园	우에노공원
ひろさきじょう 弘前城	Thành cổ Hirosaki	弘前城	히로사키성
よそう 予想	dự báo, dự đoán	预想	예상
1、2しゅうかん 1、2週間	1, 2 tuần	一、两个星期	한, 두 주 간
バーベキュー	BBQ	烧烤	바베큐
ころ	lúc, dịp, thời gian	时候	철
めいしょ 名所	địa điểm nổi tiếng	景点	명소
～でいっぱい	đầy ～, nhiều ～, đông ～	～很多	～로 가득

13

たのしみます　楽しみます	enjoy	menikmati	สนุกสนาน, เพลิดเพลิน
ただしい　正しい	correct	benar	ถูกต้อง
〜のような〜	〜 like 〜	〜 seperti 〜	〜เหมือน〜, 〜แบบ〜

桜 前線
<small>さくらぜんせん</small>

さくらぜんせん　桜前線	cherry blossom front	garis tanda mekarnya bunga sakura	แนวดอกซากุระบาน
おなじ　同じ	same	sama	เหมือน
せん　線	line	garis	แนว, เส้น
むすびます　結びます	connect	menyambung	เชื่อมต่อ, ต่อกัน

第32課　プラスアルファ　お花見
<small>はなみ</small>

まあまあ	fairly	lumayan	เฉย ๆ, ปานกลาง
かならず　必ず	certainly, always	pasti	อย่างแน่นอน, เสมอ
こたえます　答えます	answer	menjawab	ตอบ
まいとし　毎年	every year	setiap tahun	ทุกปี
ねんだい　年代	generation	generasi	ช่วงอายุ, รุ่นอายุ
おおいじゅんに　多い順に	in descending order	dalam urutan menurun	เรียงลำดับจากมากไปน้อย
ーだい　ー代	(indicates generation)	angkatan –	(คำระบุช่วงอายุ)
たのしみます　楽しみます	enjoy	menikmati	สนุกสนาน, เพลิดเพลิน
スタイル	style	gaya	สไตล์, รูปแบบ
よざくら　夜桜	cherry blossoms at night	bunga sakura pada malam hari	ดอกซากุระตอนกลางคืน
〜いじょう　〜以上	more than 〜	lebih dari 〜	ไม่ต่ำกว่า〜
ごうけい　合計	total	jumlah	ผลรวม, ยอดรวม
ドライブします	drive	menyetir	ขับรถ

食べる桜
<small>た　さくら</small>

しおづけ　塩漬け	salted	asinan	ปรุงรสหรือหมักด้วยเกลือ
は　葉	leaf	daun	ใบไม้

第33課　本文　大声大会
<small>おおごえたいかい</small>

おおごえ　大声	loud voice	suara besar	เสียงดัง
たいかい　大会	contest	lomba	การแข่งขัน
まいとし　毎年	every year	setipan tahun	ทุกปี
さけびます　叫びます	shout	berteriak	ตะโกน
いや[な]　嫌[な]	horrible	tak disukai, tak diingini	ไม่ชอบ, รังเกียจ
テーマ	theme	tema	หัวข้อ
ほとんどの	almost all	kebanyakan	ส่วนใหญ่, เกือบทั้งหมด
ぜいきん　税金	tax	pajak	ภาษี
さげます　下げます	lower	menurunkan	ทำให้ลดลง, ทำให้ต่ำลง
しゅしょう　首相	prime minister	perdana menteri	นายกรัฐมนตรี

たのしみます　楽しみます	thưởng thức	享受	즐깁니다
ただしい　正しい	đúng	正确	옳다
～のような～	～ như ～, ～ như là ～	像～一样的～	～같은～

桜 前線
さくらぜんせん

さくらぜんせん　桜前線	Làn sóng hoa anh đào	樱花前线	벚꽃 개화 전선
おなじ　同じ	giống	一样	같다
せん　線	tuyến, đường	线条	선
むすびます　結びます	nối	联结	묶습니다

第32課　プラスアルファ　お花見
はなみ

まあまあ	bình thường, tàm tạm	还算可以	그럭저럭
かならず　必ず	nhất định	一定	반드시
こたえます　答えます	trả lời	回答	대답합니다
まいとし　毎年	hàng năm	每年	매년
ねんだい　年代	thế hệ	年龄层	연령대
おおいじゅんに　多い順に	theo thứ tự từ nhiều đến ít	按数量多的顺序	많은 순서로
－だい　－代	thế hệ những năm – tuổi	－代（年龄层的范围）	－대
たのしみます　楽しみます	thưởng thức	享受	즐깁니다
スタイル	kiểu, cách	方式	스타일
よざくら　夜桜	hoa anh đào về đêm	夜里的樱花	밤벚꽃
～いじょう　～以上	từ ～ trở lên	～以上	～이상
ごうけい　合計	tổng cộng	合计	합계
ドライブします	lái xe đi chơi	兜风	드라이브합니다

食べる 桜
た　さくら

しおづけ　塩漬け	muối dưa	盐腌	소금절임，염장
は　葉	lá	叶子	잎

第33課　本文　大声大会
おおごえたいかい

おおごえ　大声	tiếng to, tiếng hét	大声叫喊	큰 소리
たいかい　大会	hội thi, lễ hội	大会	대회
まいとし　毎年	hàng năm	每年	매년
さけびます　叫びます	hét, kêu to	叫喊	외칩니다
いや[な]　嫌[な]	khó chịu, không thích, ghét	不愉快	안 좋다
テーマ	chủ đề, đề tài	题目	테마
ほとんどの	hầu hết	大部分	대부분
ぜいきん　税金	tiền thuế	税	세금
さげます　下げます	giảm, hạ thấp	减（税）	내립니다
しゅしょう　首相	thủ tướng	首相	수상

さんかします　参加します	participate, take part in	ikut serta	เข้าร่วม
ある〜	one 〜	salah seorang 〜	〜หนึ่ง
トーホク	northeastern district of Japan	Jepang bagian timur laut	ภูมิภาคโทโฮกุ (ภาคตะวันออกเฉียงเหนือของญี่ปุ่น)
ガンバロー	Let's keep going!	Ayo, berusaha sekuat tenaga!	พยายามเข้า, สู้ ๆ
じしん　地震	earthquake	gempa bumi	แผ่นดินไหว
とうほく　東北	northeastern district of Japan	Jepang bagian timur laut	ภูมิภาคโทโฮกุ (ภาคตะวันออกเฉียงเหนือของญี่ปุ่น)
げんきをだします　元気を出します	cheer up	bersemangat	ร่าเริง
かね　金	money	uang	เงิน
あげます　上げます	increase	menaikkan	เพิ่ม, ขึ้น
〜てくれ	(informal equivalent of 〜てください)	(kata informal untuk 〜てください)	(รูปไม่ทางการของ 〜てください)
あやまります　謝ります	apologize	memohon maaf	ขอโทษ
ストレスをだします　ストレスを出します	release stress	menghilangkan stress	ผ่อนคลายความเครียด
ただしい　正しい	correct	benar	ถูกต้อง
あがります　上がります	rise	naik	เพิ่มขึ้น
さがります　下がります	fall	menurun	ลดลง
そばくいたいかい　そば食い大会	soba eating contest	lomba makan Soba (mie Jepang)	การแข่งขันกินโซบะ
きんぎょすくいせんしゅけんたいかい　金魚すくい選手権大会	goldfish-scooping championship	kejuaraan menyendoki ikan mas	การแข่งขันช้อนปลาทอง
ならけんやまとこおりやまし　奈良県大和郡山市	Yamato Koriyama City in Nara prefecture	kota Yamato Koriyama, Nara prefektur Nara	เมืองยามาโตะโคโอริยามะ จังหวัดนาระ
ちからもちくらべ　力餅比べ	heavy rice cake holding contest	lomba mengangkat kue ketan berat	การแข่งขันยกโมจิ
きょうとふだいごじ　京都府醍醐寺	Daigoji Temple in Kyoto prefecture	kuil Buddha Daigoji prefektur Kyoto	วัดไดโงจิ จังหวัดเกียวโต
うめたねとばしたいかい　梅種飛ばし大会	ume stone blowing contest	lomba menyemburkan bijih Ume (prem Jepang)	การแข่งขันพ่นเม็ดบ๊วย
ふくしまけんあいづみさとまち　福島県会津美里町	Aizumisatomachi in Fukushima prefecture	kota Aizumisatomachi, prefektur Fukushima	ตำบลไอซึมิซาโตะ จังหวัดฟุกุชิมะ
おおつなひきたいかい　大綱引き大会	tug-of-war contest	lomba tarik tambang besar	การแข่งขันชักเย่อ
おきなわけんなはし　沖縄県那覇市	Naha City in Okinawa prefecture	kota Naha, prefektur Okinawa	เมืองนาฮะ จังหวัดโอกินาวา
ながぐつとばしたいかい　長靴飛ばし大会	boot throwing contest	lomba melemparkan sepatu bot dari kaki	การแข่งขันรองเท้าบิน

さんかします　参加します	tham gia	参加	참가합니다
ある〜	một 〜 nào đó	某〜	어떤〜
トーホク	Vùng Đông-Bắc Nhật Bản	日本的东北地区	일본 동북지방
ガンバロー	cố lên	加油！	힘내자
じしん　地震	động đất	地震	지진
とうほく　東北	Vùng Đông-Bắc Nhật Bản	日本的东北地区	일본 동북지방
げんきをだします　元気を出します	vui lên, lạc quan lên	打起精神	힘냅니다
かね　金	tiền	钱	돈
あげます　上げます	tăng	提高（工资）	올립니다
〜てくれ	hãy 〜 (cách nói suồng sã của 〜てください)	（〜てください的比较随便的说法）	〜해 줘（〜てください의 반말）
あやまります　謝ります	xin lỗi	道歉	사과합니다
ストレスをだします　ストレスを出します	xả stress	消除紧张状态	스트레스를 풉니다
ただしい　正しい	đúng	正确	옳다
あがります　上がります	tăng	（工资）涨	오릅니다
さがります　下がります	giảm	（税金）减	내립니다
そばくいたいかい　そば食い大会	Hội thi ăn mì Soba	吃荞麦面条比赛大会	메밀국수 많이 먹기 대회
きんぎょすくいせんしゅけんたいかい　金魚すくい選手権大会	Hội thi Vô địch hớt cá vàng	捞金鱼选手权大会	금붕어 떠서 삽기 선수권 대회
ならけんやまとこおりやまし　奈良県大和郡山市	thành phố Yamato Koriyama, tỉnh Nara	奈良县大和郡山市	나라현 야마토코오리야마시
ちからもちくらべ　力餅比べ	Hội thi nâng bánh dày khổng lồ	举年糕比赛大会	무거운 떡 들어 올리기 대회
きょうとふだいごじ　京都府醍醐寺	Chùa Daigo ở Kyoto	京都府醍醐寺	교토부 다이고지
うめたねとばしたいかい　梅種飛ばし大会	Hội thi phụt nhổ hạt mơ	扔梅核儿比赛大会	매실 씨 멀리 뱉기 대회
ふくしまけんあいづみさとまち　福島県会津美里町	thị trấn Aizumisato, tỉnh Fukushima	福岛县会津美里町	후쿠시마현 아이즈미사토마치
おおつなひきたいかい　大綱引き大会	Lễ hội kéo co	拔河比赛大会	굵은 줄다리기 대회
おきなわけんなはし　沖縄県那覇市	thành phố Naha, Okinawa	冲绳县那霸市	오키나와현 나하시
ながぐつとばしたいかい　長靴飛ばし大会	Hội thi văng ủng	扔长靴比赛大会	장화 멀리 날리기 대회

第33課 プラスアルファ こんな人にこのことば

そのまま	as it is	begitu saja	ทั้งอย่างนั้น
もえます　燃えます	burn	terbakar	ไหม้
あか　赤	red	merah	แดง
シーツ	sheet	sprei	ผ้าปูเตียง
〜じゅう　〜中	all 〜 long	sepanjang 〜	ตลอด〜, ทั้ง〜
まもります　守ります	protect	melindungi	ปกป้อง, คุ้มครอง
たしかめます　確かめます	make sure	memastikan	ตรวจสอบให้แน่ใจ
ひ　火	fire	api	ไฟ
しかります	scold	memarahi	ดุด่า
としより　年寄り	old people	orang yang tua	ผู้สูงอายุ
わらいます　笑います	laugh at	tertawa	หัวเราะ
ーびょう　ー秒	– second	– detik	ー วินาที
いっしょう　一生	lifetime	seumur hidup	ชั่วชีวิต

第34課 本文 あなたの国では？

あいさつします	greet	salam	ทักทาย
あたまをさげます　頭を下げます	bow	menundukkan kepala	ก้มศีรษะทักทาย
あくしゅ　握手	shaking hands	jabat tangan	จับมือทักทาย
また	also, and	dan	และ, อีกทั้ง, นอกจากนี้
ひとさしゆび　人差し指	forefinger	jari telunjuk	นิ้วชี้
さします　指します	point	menunjuk	ชี้
ジェスチャー	gesture	gerak-isyarat	ท่าทางที่แสดงออก, การแสดงท่าทาง
たてます　立てます	raise	menegakkan	ยกตั้งขึ้น
あげます　上げます	raise	menaikkan	ยกขึ้น
さげます　下げます	lower	menurunkan	เอาลง, ลดต่ำลง
ふります　振ります	wave	melambaikan	โบก
てのひら　手のひら	palm	telapak tangan	ฝ่ามือ
むけます　向けます	turn	mengarahkan	หันไปทาง..., มุ่งไปทาง...
あいて　相手	the person you are talking to	lawan bicara	อีกฝ่าย, ฝ่ายตรงข้าม
じっと	fixedly	dengan teliti	จ้องเขม็ง
しつれい[な]　失礼[な]	impolite	kurang sopan	เสียมารยาท
このほかに	other than these	selain itu	นอกเหนือจากนี้
わらいます　笑います	laugh	tertawa	หัวเราะ
かくします　隠します	hide	menyembunyikan	ซ่อน, หลบ
むかし　昔	old days, ancient times	dahulu kala	สมัยก่อน, เมื่อก่อน, ในอดีต
しゅうかん　習慣	habit	kebiasaan	นิสัย
こ　子	child	anak	เด็ก
しかし	but	tetapi	แต่
とうなんアジア　東南アジア	Southeast Asia	Asia Tenggara	เอเชียตะวันออกเฉียงใต้

第33課　プラスアルファ　こんな人にこのことば

そのまま	để nguyên, giữ nguyên	就那样	그대로
もえます　燃えます	cháy	着火	탑니다
あか　赤	đỏ	红	빨강
シーツ	khăn trải giường	床单	시트
～じゅう　～中	suốt ～, cả ～	在～中（一直）	～내내
まもります　守ります	giữ gìn, bảo vệ	保护	지킵니다
たしかめます　確かめます	xác nhận	确认	확인합니다
ひ　火	lửa	火	불
しかります	mắng	斥责	꾸짖습니다
としより　年寄り	người già	老人	나이 든 사람
わらいます　笑います	cười	嗤笑	웃습니다
－びょう　－秒	– giây	－秒	－초
いっしょう　一生	cả đời	终身、一生	한 평생

第34課　本文　あなたの国では？

あいさつします	chào hỏi	寒暄、问候	인사합니다
あたまをさげます　頭を下げます	cúi đầu	低头行礼	머리를 숙입니다
あくしゅ　握手	bắt tay	握手	악수
また	ngoài ra, lại nữa	另外	또한
ひとさしゆび　人差し指	ngón trỏ	食指	집게 손가락, 검지
さします　指します	chỉ	指	가리킵니다
ジェスチャー	điệu bộ	手势	제스처
たてます　立てます	đưa, dựng	竖、立	세웁니다
あげます　上げます	nâng lên	抬起	올립니다
さげます　下げます	hạ xuống	放下	내립니다
ふります　振ります	vẫy	摆	흔듭니다
てのひら　手のひら	lòng bàn tay	手心	손바닥
むけます　向けます	hướng	向	향하게 합니다
あいて　相手	đối phương	对方	상대
じっと	chằm chằm	盯着	뚫어지게
しつれい[な]　失礼[な]	mất lịch sự	不礼貌	실례
このほかに	ngoài ra	其他	이 외에
わらいます　笑います	cười	笑	웃습니다
かくします　隠します	che, dấu	掩盖	가립니다
むかし　昔	ngày xưa, thời trước	从前	옛날
しゅうかん　習慣	tập quán, thói quen	习惯	습관
こ　子	bé, bé con	孩子	아이
しかし	nhưng	但是	하지만
とうなんアジア　東南アジア	Đông Nam Á	东南亚	동남아시아

第35課　本文　自動販売機

はんばいき　販売機	vending machine	mesin penjual	ตู้ขายของอัตโนมัติ
プリペイドカード	prepaid card	kartu prabayar	บัตรเติมเงิน
くつした　靴下	socks, stockings	kaus kaki	ถุงเท้า
せいかつようひん　生活用品	daily necessities	barang keperluan sehari-hari	ของใช้จำเป็นในชีวิตประจำวัน
〜いじょう　〜以上	more than 〜	lebih dari 〜	ไม่ต่ำกว่า〜
しかし	but	tetapi	แต่
また	also, and	dan	และ, อีกทั้ง, นอกจากนี้
うごかします　動かします	work, run	mempekerjakan, menjalankan	(เครื่อง) ทำงาน
タスポ	age verification IC card used at cigarette-vending machines	Kartu IC yang membedakan umur untuk mesin penjual rokok	บัตรไอซีสำหรับใช้แสดงอายุที่ตู้ขายบุหรี่อัตโนมัติ
きかい　機械	machines	mesin	เครื่อง
タッチします	touch	menyentuh	แตะ, สัมผัส
おとな　大人	adult	orang dewasa	ผู้ใหญ่
ほとんど	almost all	kebanyakan	ส่วนใหญ่, เกือบทั้งหมด
せつでん　節電	power-saving	penghemat energi, penghemat listrik	การประหยัดไฟฟ้า
タイプ	type	model	ประเภท
でんりょく　電力	electric power	tenaga listrik	พลังงานไฟฟ้า
へります　減ります	decrease	berkurang	ลดลง
うつくしさ　美しさ	beauty	keindahan	ความสวยงาม
こわします　壊します	destroy, spoil	merusak, mengganggu	ทำลาย
ふえます　増えます	increase	bertambah	เพิ่มขึ้น
もん　門	gate	pintu gerbang	ประตู
〜でいっぱい	be filled with 〜	penuh dengan 〜	เต็มไปด้วย〜
よなか　夜中	midnight	tengah malam	กลางดึก
あつまります　集まります	gather	berkumpul	รวมตัว, ชุมนุม
すうじ　数字	number	angka	ตัวเลข
かず　数	number	jumlah	จำนวน
てん　点	point	poin	จุด, ข้อ (ดี/ด้อย)
さいしょの　最初の	first	yang pertama	แรก
きげんぜん　紀元前	before Christ	sebelum Masehi	ก่อนคริสตกาล
ーせいき　ー世紀	– th century	abad ke –	ศตวรรษที่ —
エジプト	Egypt	Mesir	อียิปต์
おもさ　重さ	weight	beratnya	น้ำหนัก
でてきます　出てきます	come out	keluar	ออกมา
めいじ　明治	Meiji (period) (1868-1912)	(periode) Meiji (1868-1912)	(สมัย) เมจิ (1868-1912)

第35課　プラスアルファ　ほんとうに自動販売機で売っているの？

めずらしい　珍しい	rare, uncommon	langka	หาได้ยาก, แปลกประหลาด

第35課　本文　自動販売機

はんばいき　販売機	máy bán hàng tự động	自动售货机	판매기
プリペイドカード	thẻ trả trước	预付（款）卡	선불카드, 상품카드
くつした　靴下	tất	袜子	양말
せいかつようひん　生活用品	hàng nhu yếu phẩm	生活用品	생활용품
～いじょう　～以上	từ ～ trở lên	～以上	～이상
しかし	nhưng	但是	하지만
また	ngoài ra, lại nữa	另外	또한
うごかします　動かします	chạy, cho hoạt động	运转	가동합니다
タスポ	thẻ IC nhận diện tuổi tại máy bán thuốc lá tự động	用自动售烟机的识别年龄用的IC卡	담배자동판매기에서 연령을 인식하는 IC카드
きかい　機械	máy, máy móc	机器	기계
タッチします	chạm	触碰	터치합니다
おとな　大人	người lớn	大人	성인, 어른
ほとんど	hầu hết	大部分	대부분
せつでん　節電	tiết kiệm điện	节电	절전
タイプ	dạng, loại	类型	타입
でんりょく　電力	lượng điện, điện lực	电力	전력
へります　減ります	giảm	减少	줍니다
うつくしさ　美しさ	vẻ đẹp, mỹ quan	美丽	아름다움, 미
こわします　壊します	phá, phá vỡ	弄坏	해칩니다, 무너뜨립니다
ふえます　増えます	tăng	增加	늡니다
もん　門	cổng	门	문, 정문
～でいっぱい	đầy ～, nhiều ～, đông ～	～很多	～로 가득
よなか　夜中	nửa đêm, đêm khuya	夜里	밤중
あつまります　集まります	tập trung, tụ tập	聚集	모입니다
すうじ　数字	số, con số, chữ số	数字	숫자
かず　数	số, số lượng	数量	수
てん　点	điểm	点	점
さいしょの　最初の	đầu tiên	最初的	최초
きげんぜん　紀元前	trước Công Nguyên	公元前	기원전
－せいき　－世紀	thế kỉ thứ －	－世纪	－세기
エジプト	Ai Cập	埃及	이집트
おもさ　重さ	cân nặng, trọng lượng	重量	무게
でてきます　出てきます	đi ra, ra	出来	나옵니다
めいじ　明治	(Thời kỳ) Minh Trị (1868-1912)	明治(时代)(1868-1912)	메이지（시대）(1868-1912)

第35課　プラスアルファ　ほんとうに自動販売機で売っているの？

めずらしい　珍しい	hiếm, hiếm lạ	新奇、罕见	드물다, 희귀하다, 신기하다

| はんばいき　販売機 | vending machine | mesin penjual | ตู้ขายของอัตโนมัติ |

第36課　本文　動物の目

いち　位置	position, location	posisi	ตำแหน่ง, ที่ตั้ง
シマウマ	zebra	zebra	ม้าลาย
ライオン	lion	singa	สิงโต
ならびます　並びます	be side by side	berada bersebelahan	เรียงราย
とおく　遠く	far away	tempat yang jauh	ไกล, ไกล ๆ
つかまえます　捕まえます	catch	menangkap	จับ
きょり　距離	distance	jarak	ระยะทาง
サル	monkey	monyet	ลิง
とびます　跳びます	jump	meloncat	กระโดด
ヒト	human being	manusia	คน
－ほん　－本	(counter for long objects)	(kata bantu bilangan untuk benda panjang)	(ลักษณนามของสิ่งที่มีลักษณะยาวเรียว)
くさ　草	grass	rumput	หญ้า
カバ	hippopotamus	kuda nil, badak sungai	ฮิปโปโปเตมัส
～によってちがいます　～によって違います	be different depending on ～	berbeda sesuai dengan ～	แตกต่างกันไปตาม～
グループ	group	kelompok	กลุ่ม
シカ	deer	rusa	กวาง
クマ	bear	beruang	หมี
ワニ	crocodile, alligator	buaya	จระเข้
ラクダ	camel	unta	อูฐ
カエル	frog	kodok	กบ
トラ	tiger	harimau	เสือ

第37課　本文　55年かかってゴールインした日本人選手

ゴールインします	finish the race	gol	เข้าเส้นชัย
せんしゅ　選手	athlete	atlet	นักกีฬา
だい－かい　第－回	(indicates an ordinal number; used to indicate number of times)	yang ke –	ครั้งที่ －
ストックホルム	Stockholm (in Sweden)	Stockholm (Swedia)	สตอกโฮล์ม
たいかい　大会	meet	turnamen	การแข่งขัน
さんかします　参加します	participate, take part in	ikut serta	เข้าร่วม
マラソン	marathon	maraton	การวิ่งมาราธอน
－びょう　－秒	– second	– detik	－วินาที
きろく　記録	record	rekor	สถิติ
しかし	but	tetapi	แต่
みずをあびます　水を浴びます	pour water on oneself	menyiram air	เอาน้ำราดตัว
～のところで　～の所で	at the point of ～	posisi ～	ตำแหน่งที่～
たおれます　倒れます	fall down	jatuh	ล้มลง

はんばいき　販売機	máy bán hàng tự động	自动售货机	판매기

第36課　本文　動物の目

いち　位置	vị trí	位置	위치
シマウマ	ngựa vằn	斑马	얼룩말
ライオン	sư tử	狮子	사자
ならびます　並びます	xếp hàng, ngang hàng	并排	나란히 붙어 있습니다
とおく　遠く	xa	远处	멀리
つかまえます　捕まえます	bắt, tóm	抓住	잡습니다
きょり　距離	cự li, khoảng cách	距离	거리
サル	con khỉ	猴子	원숭이
とびます　跳びます	nhảy	跳	뜁니다
ヒト	con người	人	사람
－ほん　－本	– chân	－条、－根（数长东西时的数量词）	－개（긴 물건을 세는 수량명사）
くさ　草	cỏ	草	풀
カバ	con hà mã	河马	하마
～によってちがいます　～によって違います	tùy theo ～ mà khác nhau	因～而异	～에 의해 다릅니다
グループ	nhóm	群、组	그룹
シカ	con hươu, con nai	鹿	사슴
クマ	con gấu	熊	곰
ワニ	con cá sấu	鳄鱼	악어
ラクダ	con lạc đà	骆驼	낙타
カエル	con ếch	青蛙	개구리
トラ	con hổ	老虎	호랑이

第37課　本文　55年かかってゴールインした日本人選手

ゴールインします	về đích	跑到终点	골인합니다
せんしゅ　選手	vận động viên	选手	선수
だい－かい　第－回	lần thứ –	第 – 届	제 – 회
ストックホルム	Xtốc-khôm (Thụy Điển)	斯德哥尔摩（瑞典）	스톡호름（스웨덴）
たいかい　大会	đại hội, hội thi	大会	대회
さんかします　参加します	tham gia	参加	참가합니다
マラソン	Ma-ra-tông	马拉松	마라톤
－びょう　－秒	– giây	－秒	－초
きろく　記録	kỷ lục	记录	기록
しかし	nhưng	但是	하지만
みずをあびます　水を浴びます	giội nước	浇冷水	물을 뒤짚어씁니다
～のところで　～の所で	tại địa điểm ～	在～的地方	～의 지점에서
たおれます　倒れます	ngã, đổ gục	晕倒	쓰러집니다

たすけます　助けます	save	menolong	ช่วยเหลือ
スウェーデン	Sweden	Swedia	สวีเดน
いっしょうけんめい　一生懸命	with all one's might	berusaha keras	ตั้งใจอย่างเต็มที่
よろこびます　喜びます	be glad	bergembira	ดีใจ
はずかしい　恥ずかしい	ashamed	malu	อาย
きょうぎじょう　競技場	stadium	arena pertandingan, stadion	สนามกีฬา
アナウンス	announcement	pengumuman	การประกาศ
ミスター・カナグリ、ニッポン	Mr. Kanaguri, Japan	Bapak Kanaguri dari Jepang	นายคานากุริ, ญี่ปุ่น
きょうぎ　競技	event	pertandingan	การแข่งกีฬา
スタート	start	awal	เริ่มต้น
まご　孫	grandchild	cucu	หลาน
おもいで　思い出	memory	kenang-kenangan	ความทรงจำ

オリンピック

ギリシア	Greek	Yunani	กรีซ
かみ　神	god	Tuhan	เทพเจ้า
ゼウス	Zeus	Zeus	ซุส (เทพเจ้ากรีก)
きげんぜん　紀元前	before Christ	sebelum Masehi	ก่อนคริสตกาล
アテネ	Athens	Athena	เอเธนส์
せんそう　戦争	war	perang	สงคราม
～いじょう　～以上	more than ～	lebih dari ～	ไม่ต่ำกว่า～
こだい　古代	ancient times	purbakala	สมัยโบราณ, ยุคเก่า
クーベルタン	de Coubertin, Pierre (1863-1937)	Pierre de Coubertin (1863-1937)	ปิแอร์ เดอ กูแบร์แตง (1863-1937)
よびかけます　呼びかけます	appeal	menghimbau	ชักชวน
さんかこく　参加国	participating countries/nations	negara yang ikut serta, negara yang berpartisipasi	ประเทศที่เข้าร่วมแข่งขัน
ちいき　地域	region	daerah	ภูมิภาค
さんかせんしゅ　参加選手	participating player/athlete	atlet yang ikut serta, atlet yang berpartisipasi	นักกีฬาที่เข้าร่วมแข่งขัน
シャモニー	Chamonix	Chamonix	ชาโมนิกซ์
モンブラン	Mont Blanc	Mont Blanc	มงบล็องก์
アジア	Asia	Asia	เอเชีย
リオデジャネイロ	Rio de Janeiro	Rio de Janeiro	ริโอ เดอ จาเนโร
みなみアメリカ　南アメリカ	South America	Amerika Selatan	อเมริกาใต้

第38課　本文　消したいもの

アンケート	questionnaire	angket	แบบสอบถาม
はずかしい　恥ずかしい	embarrassing	malu	อาย
～いじょう　～以上	more than ～	lebih dari ～	ไม่ต่ำกว่า～

たすけます　助けます	giúp đỡ, cứu	救助	돕습니다
スウェーデン	Thụy Điển	瑞典	스웨덴
いっしょうけんめい　一生懸命	chăm chỉ, nỗ lực	拼命地、努力地	열심히
よろこびます　喜びます	vui mừng	高兴	기뻐합니다
はずかしい　恥ずかしい	xấu hổ	不好意思	부끄럽다
きょうぎじょう　競技場	nhà thi đấu, sân vận động	比赛场	경기장
アナウンス	phát thanh	广播	안내방송
ミスター・カナグリ、ニッポン	ông Kanaguri, Nhật Bản	日本金栗先生	미스터 카나구리, 일본
きょうぎ　競技	thi đấu, tranh tài	比赛	경기
スタート	xuất phát	开始	스타트
まご　孫	cháu	孙子	손자
おもいで　思い出	kỷ niệm	回忆	추억

オリンピック

ギリシア	Hy Lạp	希腊	그리스
かみ　神	thần	神仙、上帝	신
ゼウス	Dớt	宙斯	제우스
きげんぜん　紀元前	trước Công Nguyên	公元前	기원전
アテネ	A-ten	雅典	아테네
せんそう　戦争	chiến tranh	战争	전쟁
～いじょう　～以上	từ ～ trở lên	～以上	～이상
こだい　古代	cổ đại	古代	고대
クーベルタン	Coubertin (1863-1937)	皮埃尔·德·顾拜旦 (1863-1937)	피에르 드 쿠베르탱 （1863-1937）
よびかけます　呼びかけます	kêu gọi	呼吁、号召	호소합니다
さんかこく　参加国	nước tham gia	参加国家	참가국
ちいき　地域	khu vực	地区	지역
さんかせんしゅ　参加選手	vận động viên tham gia	参加选手	참가선수
シャモニー	Chamonix (Pháp)	夏慕尼（法国）	샤모니（프랑스）
モンブラン	Mont Blanc (Pháp)	勃朗峰（法国）	몽블랑（프랑스）
アジア	châu Á	亚洲	아시아
リオデジャネイロ	Rio de Janeiro	里约热内卢	리오데자네이로
みなみアメリカ　南アメリカ	Nam Mỹ	南美	남아메리카

第38課　本文　消したいもの

アンケート	khảo sát	问卷调查	앙케이트
はずかしい　恥ずかしい	xấu hổ	不好意思	부끄럽다
～いじょう　～以上	từ ～ trở lên	～以上	～이상

ねごと　寝言	talking in one's sleep	igauan	ละเมอ
わらいます　笑います	laugh at	tertawa	หัวเราะ
しかい　司会	master of ceremonies	MC	พิธีกร
ズボン	trousers	celana	กางเกงขายาว
チャック	zipper	ritsleting, kancing tarik	ซิป
マンホール	manhole	lubang got	ท่อบนพื้นถนน
おちます　落ちます	fall	jatuh	ตก
れい　例	example	contoh	ตัวอย่าง
せいじか　政治家	politician	politikus	นักการเมือง
にきび	pimple	jerawat	สิว
しみ	spot	flek hitam	ริ้วรอย
しぼう　脂肪	fat	lemak	ไขมัน
こどもたち　子どもたち	children	anak-anak	พวกเด็ก ๆ
せいせき　成績	academic record	nilai	ผลการเรียน
じんせい　人生	life	kehidupan	ชีวิต
とし　年	age	umur	อายุ
しつれん　失恋	lost love	patah hati	ความรักที่ไม่สมหวัง
また	also, and	dan, kemudian	และ, อีกทั้ง, นอกจากนี้
こいびと　恋人	sweetheart	pacar	คนรัก
〜だろう	(plain equivalent of 〜でしょう)	(kata informal untuk 〜でしょう)	(รูปไม่ทางการของ 〜でしょう)

第38課　プラスアルファ　迷惑なことは？

めいわく［な］　迷惑［な］	annoying	mengganggu	รบกวน, น่ารำคาญ
てつどうがいしゃ　鉄道会社	railway company	perusahaan kereta api	บริษัทรถไฟ
マナー	manner	tata krama	มารยาท
ヘッドホン	headphones	*headphones*	หูฟังแบบครอบศีรษะ
ベビーカー	stroller, pushchair	kereta bayi	รถเข็นเด็ก
あきかん　空き缶	empty can	kaleng kosong	กระป๋องเปล่า
けしょうします　化粧します	put on makeup	berdandan	แต่งหน้า
よっぱらいます　酔っぱらいます	get drunk	mabuk	เมา

なぞなぞ

なぞなぞ	riddle	teka-teki	เกมทายปริศนา
ながいきします　長生きします	live long	berumur panjang	อายุยืน
とし　年	age	umur	อายุ
にせがね　にせ金	counterfeit money	uang palsu	เงินปลอม

第39課　本文　万次郎

とります	catch	menangkap	จับ

ねごと 寝言	nói mê	梦话	잠꼬대
わらいます 笑います	cười	笑	웃습니다
しかい 司会	dẫn chương trình	司仪	사회
ズボン	quần	裤子	바지
チャック	khóa kéo, phéc-mơ-tuya	拉锁	지퍼
マンホール	hố ga	下水管道等的出入洞口	맨홀
おちます 落ちます	rơi	掉	떨어집니다
れい 例	ví dụ	例子	예
せいじか 政治家	chính trị gia	政治家	정치가
にきび	trứng cá	粉刺	여드름
しみ	vết nám	斑点	기미
しぼう 脂肪	mỡ	脂肪	지방
こどもたち 子どもたち	trẻ em	孩子们	어린이들
せいせき 成績	thành tích	成绩	성적
じんせい 人生	cuộc đời, đời người	人生	인생
とし 年	tuổi, tuổi tác	年龄	나이
しつれん 失恋	thất tình	失恋	실연
また	ngoài ra, lại nữa	另外	또한
こいびと 恋人	người yêu	恋人	애인
〜だろう	(thể bình thường của 〜でしょう)	〜吧（〜でしょう的普通形）	〜일까（〜でしょう의 보통체）

第38課　プラスアルファ　迷惑なことは？

めいわく［な］ 迷惑［な］	làm phiền, phiền toái	麻烦	성가시다, 피해입다
てつどうがいしゃ 鉄道会社	công ty đường sắt	铁路公司	철도 회사
マナー	phép lịch sự, cách cư xử	规矩	매너
ヘッドホン	tai nghe	耳机	헤드폰
ベビーカー	xe đẩy	婴儿车	유모차
あきかん 空き缶	vỏ lon	空罐儿	빈 캔
けしょうします 化粧します	trang điểm	化妆	화장합니다
よっぱらいます 酔っぱらいます	say rượu	泥醉	술에 취합니다

なぞなぞ

なぞなぞ	câu đố	迷语	수수께끼
ながいきします 長生きします	sống lâu	长寿	오래 삽니다, 장수합니다
とし 年	tuổi, tuổi tác	年龄	나이
にせがね にせ金	tiền giả	假钱	가짜 돈

第39課　本文　万次郎

とります	bắt	捕（鱼）	잡습니다

くらします　暮らします	live	hidup	ดำรงชีวิต
なくなります　亡くなります	pass away	meninggal dunia	เสียชีวิต
〜のために	for 〜	untuk 〜	เพื่อ〜
おとこ　男	man	laki-laki	ผู้ชาย
ながします　流します	drift	hanyut	ลอย
むじんとう　無人島	uninhabited/desert island	pulau tidak berpenghuni	เกาะร้าง
たすけます　助けます	save	menyelamatkan	ช่วยเหลือ
ほげいせん　捕鯨船	whaling ship	kapal pemburu paus	เรือล่าวาฬ
こうかい　航海	navigation	pelayaran	การเดินเรือ
ハワイ	Hawaii	Hawaii	ฮาวาย
せんちょう　船長	captain of a ship	nahkoda	กัปตันเรือ
きにいります　気に入ります	like	menyukai	ชอบ
すうがく　数学	mathematics	matematika	คณิตศาสตร์
ぞうせん　造船	shipbuilding	pembuatan kapal	การต่อเรือ
そのころ	at that time	waktu itu	ตอนนั้น
えどじだい　江戸時代	Edo period (1603-1867)	zaman Edo (1603-1867)	สมัยเอโดะ (1603-1867)
ばくふ　幕府	Japan's feudal government	pemerintahan feodal Jepang	รัฐบาลทหารของญี่ปุ่น (ระบอบศักดินาสวามิภักดิ์)
きんしします　禁止します	prohibit	melarang	ห้าม
ゆるします　許します	allow, permit	mengizinkan	อนุญาต
それでも	nevertheless	walaupun	ถึงกระนั้น, อย่างไรก็ตาม
〜たち	(plural suffix for people and animals)	(akhiran jamak untuk orang dan hewan)	(คำต่อท้ายแสดงความเป็นพหูพจน์ของคนและสัตว์)
とらえます　捕えます	arrest	menangkap	จับกุม
ぼうえき　貿易	trade	perdagangan internasional	การค้าขาย
ひつよう[な]　必要[な]	necessary	perlu	สำคัญ, จำเป็น
ぶし　武士	warrior, samurai	*samurai*	นักรบ
みぶん　身分	social status	status (status sosial)	สถานะทางสังคม
みょうじ　名字	family name	nama keluarga	นามสกุล
つうやく　通訳	interpreter, interpretation	penerjemah, menerjemahkan	ล่าม, การแปล
めいじいしん　明治維新	the Meij Restration	Restorasi Meiji	การปฏิรูปเมจิ
おおくの　多くの	many	banyak	จำนวนมาก
〜のじゅんに　〜の順に	in 〜 order	urutan sesuai dengan 〜	ตามลำดับ〜
〜のような〜	〜 like 〜	〜 seperti 〜	〜เหมือน〜, 〜แบบ〜

第39課　プラスアルファ　読みましたか・見ましたか・聞きましたか

ほんぶん　本文	main text	bacaan utama/bacaan induk	เนื้อเรื่อง, บทอ่าน
うんめい　運命	destiny, fate	nasib	โชคชะตา
バレエ	ballet	balet	บัลเลต์
はくちょうのみずうみ　白鳥の湖	Swan Lake	Danau Angsa	ทะเลสาบหงส์ขาว
はくちょう　白鳥	swan	angsa	หงส์

くらします　暮らします	sống	过（日子）	삽니다
なくなります　亡くなります	mất	逝世	죽습니다
〜のために	để 〜, vì 〜	为了〜	〜위해
おとこ　男	con trai, đàn ông	男人	남자
ながします　流します	trôi dạt	流、冲走	떠내려갑니다
むじんとう　無人島	đảo không người, đảo hoang	无人岛	무인도
たすけます　助けます	giúp đỡ, cứu	救助	돕습니다
ほげいせん　捕鯨船	tàu săn bắt cá voi	捕鲸船	포경선，고래잡이배
こうかい　航海	hàng hải	航海	항해
ハワイ	Ha-oai	夏威夷	하와이
せんちょう　船長	thuyền trưởng	船长	선장
きにいります　気に入ります	quý mến, ưng ý	中意	마음에 듭니다
すうがく　数学	toán học	数学	수학
ぞうせん　造船	đóng tàu	造船	조선
そのころ	khoảng thời gian đó	当时	그 당시
えどじだい　江戸時代	Thời kỳ Edo (1603-1867)	江户时代（1603-1867）	에도시대（1603-1867）
ばくふ　幕府	Mạc phủ (chính quyền của tầng lớp võ sỹ)	幕府	막부（일본군사정부）
きんしします　禁止します	cấm	禁止	금지합니다
ゆるします　許します	cho phép	允许	허락합니다
それでも	mặc dù vậy	尽管如此	그래도
〜たち	nhóm 〜, bọn 〜	〜们（人或动物的复数表现）	〜들（사람이나 동물 등의 복수 표현）
とらえます　捕えます	bị bắt	捕获	잡힙니다
ぼうえき　貿易	ngoại thương	贸易	무역
ひつよう[な]　必要[な]	cần thiết	必要	필요하다
ぶし　武士	võ sỹ, samurai	武士	무사
みぶん　身分	thân phận, tầng lớp	身分	신분
みょうじ　名字	họ	名字	성
つうやく　通訳	phiên dịch	口译员、口译	통역
めいじいしん　明治維新	Minh Trị Duy Tân	明治维新	메이지유신
おおくの　多くの	nhiều	很多的	많은
〜のじゅんに　〜の順に	theo thứ tự 〜	按〜的顺序	〜순서대로
〜のような〜	〜 như 〜, 〜 như là 〜	像〜那样的〜	〜같은〜

第39課　プラスアルファ　読みましたか・見ましたか・聞きましたか

ほんぶん　本文	bài văn, bài viết	正文	본문
うんめい　運命	vận mệnh, cuộc đời	命运	운명
バレエ	ba lê	芭蕾	발레
はくちょうのみずうみ　白鳥の湖	Hồ thiên nga	天鹅湖	백조의 호수
はくちょう　白鳥	chim thiên nga	天鹅	백조

シラノ・ド・ベルジュラック	title of a movie	judul film	ชื่อภาพยนตร์
ある〜	a certain 〜	salah seorang 〜	〜หนึ่ง
てつわんアトム　鉄腕アトム	Astro Boy	Astro Boy	เจ้าหนูอะตอม
はじまり　始まり	opening, beginning	pembukaan	เริ่มต้น, ตอนเปิดเรื่อง
みやざきはやお　宮崎駿	director of animated films (1941-)	sutradara film animasi (1941-)	ผู้กำกับภาพยนตร์แอนิเมชั่น (1941-)
うっとりします	be enchanted	terpesona	เคลิบเคลิ้ม
わくわくします	be excited	tidak sabar menunggu	ตื่นเต้น
いらいらします	be irritated	gelisah, kesal	กระสับกระส่าย, หงุดหงิด

第40課　本文　常識

じょうしき　常識	common knowledge	pengetahuan umum	ความรู้ทั่วไป
せいけつ　清潔	clean	kebersihan	ความสะอาด
さがります　下がります	go down	turun	ลดลง
ぬるい	lukewarm	kurang panas, setengah hangat	อุ่น ๆ
しんじます　信じます	believe	percaya	เชื่อ
かた　肩	shoulder	bahu	ไหล่, บ่า
あたためます　温めます	warm	menghangatkan	ทำให้อุ่น
ながく　長く	long	lama	นาน, นาน ๆ
ひどい	terrible	keras	เลวร้าย, รุนแรง
うなぎ	eel	belut	ปลาไหล
うめぼし　梅干し	pickled apricot	asinan prem Jepang	บ๊วยดอง, บ๊วยเค็ม
すいか	watermelon	semangka	แตงโม
おなかをこわします	upset one's stomach	perut sakit	ท้องเสีย
いがくてきに　医学的に	medically	secara medis	ทางการแพทย์
おおくの　多くの	many	banyak	จำนวนมาก
そのまま	as it is	begitu saja	ทั้งอย่างนั้น
へん[な]　変[な]	strange	aneh	แปลก, ประหลาด
さげます　下げます	lower	menurunkan	ทำให้ลดลง, ทำให้ต่ำลง

第40課　プラスアルファ　だれでもできて健康にいい習慣、教えます

ちょう　腸	bowels	usus	ลำไส้
うごきはじめます　動き始めます	begin to move	mulai bergerak, mulai berfungsi	เริ่มทำงาน, เริ่มขยับ
いえき　胃液	gastric juice	asam lambung	น้ำย่อย
わらいます　笑います	laugh	tertawa	หัวเราะ
おおまたで　大股で	with long strides	dengan langkah panjang	โดยก้าวเท้ายาว ๆ
きんにく　筋肉	muscle	otot	กล้ามเนื้อ
あしのうら　足の裏	sole	telapak kaki	ฝ่าเท้า
マッサージします	massage	pijat	นวด

シラノ・ド・ベルジュラック	tên phim	电影名	영화 제목
ある〜	một 〜 nào đó	某〜	어떤〜
てつわんアトム　鉄腕アトム	Astro Boy	铁臂阿童木	아톰
はじまり　始まり	phần đầu, mở đầu	开始	시작
みやざきはやお　宮崎駿	đạo diễn phim anime (1941-)	动画片的导演（1941-）	만화영화감독（1941-）
うっとりします	mê mẩn	发呆、出神	넋을 잃습니다, 황홀합니다
わくわくします	hồi hộp, háo hức	欢欣雀跃	두근거립니다
いらいらします	sốt ruột	焦躁不安	초조해합니다

第40課　本文　常識(じょうしき)

じょうしき　常識	thường thức	常识	상식
せいけつ　清潔	sạch sẽ	清洁	청결
さがります　下がります	hạ, giảm	降低	내려갑니다
ぬるい	âm ấm (nhiệt độ nước)	微温	미지근하다
しんじます　信じます	tin	相信	믿습니다
かた　肩	vai	肩	어깨
あたためます　温めます	làm nóng	温热	따뜻하게 합니다
ながく　長く	lâu	长（时间）	오래
ひどい	nặng	厉害	심하다
うなぎ	lươn	鳗鱼	장어
うめぼし　梅干し	mơ muối, ô mai	咸梅	매실 장아찌
すいか	dưa hấu	西瓜	수박
おなかをこわします	đi ngoài	坏肚子	배탈 납니다
いがくてきに　医学的に	theo y học, về mặt y học	医学上	의학적으로
おおくの　多くの	nhiều	很多的	많은
そのまま	để nguyên, giữ nguyên	就那样	그대로
へん[な]　変[な]	lạ, kì quặc, không bình thường	怪	이상하다
さげます　下げます	hạ thấp	降低	내립니다

第40課　プラスアルファ　だれでもできて健康(けんこう)にいい習慣(しゅうかん)、教(おし)えます

ちょう　腸	ruột	肠	장
うごきはじめます　動き始めます	bắt đầu chuyển động	开始动起来	움직이기 시작합니다
いえき　胃液	dịch dạ dày	胃液	위액
わらいます　笑います	cười	笑	웃습니다
おおまたで　大股で	bước rộng	（迈）大步	큰 보폭으로
きんにく　筋肉	cơ, cơ bắp	肌肉	근육
あしのうら　足の裏	gan bàn chân	脚心	발바닥
マッサージします	mát-xa	按摩	마사지합니다

健康チェック
けんこう

チェック	check	mengecek	การตรวจสอบ
しんぞう 心臓	heart	jantung	หัวใจ
けっかん 血管	blood vessel	pembuluh darah	เส้นเลือด
ーてん 一点	– point	– poin	—แต้ม, —คะแนน
あぶら 油	oil	minyak	น้ำมัน
みゃくはく 脈拍	pulse	denyut nadi	ชีพจร
しおからい 塩辛い	salty	asin	รสเค็ม
かけます	cover oneself	menyelimuti	ห่ม, คลุม
まくら 枕	pillow	bantal	หมอน
どきどきします	throb	berdenyut-denyut	(หัวใจ) เต้นเร็ว

第41課 本文 ロボットといっしょ

ロボットたいこく ロボット大国	robot power	negara robot	ประเทศเจ้าหุ่นยนต์
イメージします	imagine	membayangkan	จินตนาการ
しかし	but	tetapi	แต่
かず 数	number	jumlah	จำนวน
どんどん	rapidly, steadily	semakin	อย่างรวดเร็ว
ふえます 増えます	increase	bertambah	เพิ่มขึ้น
じゆうに 自由に	freely	dengan bebas	อย่างอิสระ
せわをします 世話をします	take care	merawat	ดูแล
うごき 動き	movement	gerakan	การขยับเขยื้อน, การเคลื่อนไหว
たすけます 助けます	help, assist, support	membantu	ช่วยเหลือ
アザラシ	seal	anjing laut	แมวน้ำ
いろいろなひょうじょうをします いろいろな表情をします	make various facial expressions	memberikan berbagai ekspresi	ทำสีหน้าแบบต่าง ๆ
たいそう 体操	exercise	senam	การออกกำลังกาย, กายบริหาร
うごかします 動かします	move	menggerakkan	ทำให้ขยับเขยื้อน, ทำให้เคลื่อนไหว
かいごしせつ 介護施設	nursing home	panti jompo	บ้านพักคนชรา
〜のかわりに 〜の代わりに	instead of 〜	gantinya 〜	แทน〜
たしかに 確かに	certainly	memang	แน่นอน
かしこい 賢い	intelligent	pintar, pandai	ฉลาด
おしゃべり	chat	obrolan	การพูดคุย

いろいろなロボット

〜がた 〜型	shaped like 〜	model 〜, tipe 〜	รูปร่างเหมือน〜
しえん 支援	support, help	membatu	การช่วยเหลือ
そうちゃくします 装着します	wear	mengenakan	ติดตั้งเสริม, สวมใส่

健康チェック

チェック	kiểm tra	检查	체크
しんぞう　心臓	tim	心脏	심장
けっかん　血管	mạch máu	血管	혈관
－てん　－点	– điểm	分	– 점
あぶら　油	dầu, mỡ	油	기름
みゃくはく　脈拍	mạch đập	脉搏	맥박
しおからい　塩辛い	mặn	咸	짜다
かけます	đắp	盖（被子）	덮습니다
まくら　枕	gối	枕头	베개
どきどきします	hồi hộp	（心）怦怦地跳	두근거립니다

第41課　本文　ロボットといっしょ

ロボットたいこく　ロボット大国	cường quốc rô bốt	机器人大国	로보트 대국
イメージします	ấn tượng	印象	떠올립니다
しかし	nhưng	但是	하지만
かず　数	số, số lượng	数量	수
どんどん	ngày càng	不断地	점점
ふえます　増えます	tăng	增加	늘어납니다
じゆうに　自由に	tự do	自由地	자유롭게
せわをします　世話をします	chăm sóc	照料	돌봅니다
うごき　動き	cử động, chuyển động	活动	움직임, 동작
たすけます　助けます	giúp, giúp đỡ	帮助	돕습니다
アザラシ	hải cẩu	海豹	바다표범
いろいろなひょうじょうをします　いろいろな表情をします	biểu lộ nhiều sắc thái tình cảm	有着各种表情	여러가지 표정을 짓습니다
たいそう　体操	tập thể dục	体操	체조
うごかします　動かします	cử động	活动	움직입니다
かいごしせつ　介護施設	cơ sở chăm sóc	护理设施	간병시설, 간호시설
～のかわりに　～の代わりに	thay cho ～	替代～	～대신에
たしかに　確かに	quả đúng là	的确	확실히, 분명히
かしこい　賢い	thông minh	聪明、贤明	똑똑하다
おしゃべり	nói chuyện	说话	수다, 대화

いろいろなロボット

～がた　～型	hình ～	～型	～형
しえん　支援	hỗ trợ	支援	지원, 도움, 보조
そうちゃくします　装着します	gắn vào	安装	장착합니다

第42課　本文　肉を食べると

日本語	English	Indonesia	ไทย
りょう　量	quantity	kuantitas	ปริมาณ
ふえます　増えます	increase	bertambah	เพิ่มขึ้น
げんいん　原因	cause	penyebab	สาเหตุ
ひとびと　人々	people	manusia, rakyat, warga	ผู้คน, แต่ละคน
しょくせいかつ　食生活	eating habits	kebiasaan makan	นิสัยการกิน
しょうひりょう　消費量	consumption	kuantitas konsumsi	ปริมาณการบริโภค
じんこう　人口	population	jumlah penduduk	ประชากร
－トン	– ton	– ton	－ตัน
うし　牛	cow	sapi	วัว
ひつじ　羊	sheep	biri-biri	แกะ
ぶた　豚	pig	babi	หมู
にわとり　鶏	chicken	ayam	ไก่
かちく　家畜	livestock	ternak	ปศุสัตว์
かず　数	number	jumlah	จำนวน
－ばい　－倍	– times	– kali	－เท่า
くさち　草地	meadow	padang rumput	ทุ่งหญ้า
もり　森	forest	hutan	ป่า
さばくか　砂漠化	desertification	penggurunan	การกลายสภาพเป็นทะเลทราย
また	also, and	dan, sementara	และ, อีกทั้ง, นอกจากนี้
とうもろこし	corn	jagung	ข้าวโพด
だいず　大豆	soybean	kacang kedelai	ถั่วเหลือง
こくもつ　穀物	grain, cereal	gandum	ธัญพืช
エネルギー	energy	energi, tenaga	พลังงาน
－リットル	– liter	– liter	－ลิตร
へらします　減らします	reduce	mengurangi	ทำให้ลดลง, ทำให้น้อยลง
まもります　守ります	protect	melindungi	รักษา, ปกป้อง

第42課　プラスアルファ　地球はどうなる？

わけます　分けます	separate	memisahkan	แยก
エネルギー	energy	energi, tenaga	พลังงาน
どんどん	more and more, one after another	terus-menerus	อย่างรวดเร็ว
もやします　燃やします	burn	membakar	เผา
かんきょうホルモン　環境ホルモン	environmental hormones	hormon enviromental	ฮอร์โมนสิ่งแวดล้อม, สารเคมีที่ขัดขวางการทำงานของต่อมไร้ท่อ
しょくりょう　食料	foods	pangan	อาหาร
なんみん　難民	refugee	pengungsi	ผู้อพยพ
オゾンそう　オゾン層	ozone layer	lapisan ozon	ชั้นโอโซน
しがいせん　紫外線	ultraviolet rays	sinar ultraviolet	รังสีอัลตราไวโอเลต
ふえます　増えます	increase	bertambah	เพิ่มขึ้น
ガン	cancer	kanker	มะเร็ง
フロンガス	chlorofluorocarbon	khlorofluorokarbon	ก๊าซคลอโรฟลูออโรคาร์บอน

第42課　本文　肉を食べると

りょう　量	lượng	数量、分量	양
ふえます　増えます	tăng	増加	늡니다
げんいん　原因	nguyên nhân	原因	원인
ひとびと　人々	mọi người, con người	人们	사람들
しょくせいかつ　食生活	thói quen ăn uống	饮食生活	식생활
しょうひりょう　消費量	lượng tiêu thụ	消费量	소비량
じんこう　人口	dân số	人口	인구
―トン	– tấn	－吨	－ 톤
うし　牛	bò	牛	소
ひつじ　羊	cừu	羊	양
ぶた　豚	lợn	猪	돼지
にわとり　鶏	gà	鸡	닭
かちく　家畜	gia súc	家畜	가축
かず　数	số, số lượng	数量	수
―ばい　―倍	– lần	－倍	－ 배
くさち　草地	đồng cỏ	草地	풀밭
もり　森	rừng	森林	숲
さばくか　砂漠化	sa mạc hóa	沙漠化	사막화
また	ngoài ra, lại nữa	另外	또한
とうもろこし	ngô	玉米	옥수수
だいず　大豆	đậu tương	大豆	대두
こくもつ　穀物	ngũ cốc	谷物	곡물
エネルギー	năng lượng	能源	에너지
―リットル	– lít	－公升	－ 리터
へらします　減らします	giảm	（将其）减少	줄입니다
まもります　守ります	giữ gìn, bảo vệ	保护	지킵니다

第42課　プラスアルファ　地球はどうなる？

わけます　分けます	phân chia	分开	나눕니다
エネルギー	năng lượng	能源	에너지
どんどん	ngày càng	连续不断地、一个劲儿地	점점
もやします　燃やします	đốt cháy	烧掉	태웁니다
かんきょうホルモン　環境ホルモン	Hoóc-môn môi trường	环境荷尔蒙	환경호르몬
しょくりょう　食料	thực phẩm	粮食	식료
なんみん　難民	dân tị nạn	难民	난민
オゾンそう　オゾン層	tầng ô-zôn	臭氧层	오존층
しがいせん　紫外線	tia cực tím	紫外线	자외선
ふえます　増えます	tăng	増加	늡니다
ガン	ung thư	癌症	암
フロンガス	khí freon	氟利昂	프론 가스

ダイオキシン	dioxin	dioksin	สารไดออกซิน
にさんかたんそ　二酸化炭素	carbon dioxide	karbon dioksida	ก๊าซคาร์บอนไดออกไซด์

あなたのエコロジー度は？

エコロジー	ecology	ekologi	ความรักษ์โลก
〜ど　〜度	〜 degree	tingkat 〜	ระดับ〜
ーてん　ー点	– point	– poin	—แต้ม, —คะแนน
しょうエネ　省エネ	energy-saving	hemat energi	การประหยัดพลังงาน
りようします　利用します	use	menggunakan	ใช้
ごうせいせんざい　合成洗剤	detergent	deterjen sintetis	ผงซักฟอก
あぶら　油	oil	minyak	น้ำมัน
よごれ　汚れ	dirt	kotoran	สิ่งสกปรก
まもります　守ります	protect	melindungi	รักษา, ปกป้อง
まあまあ	not so bad	lumayan	เฉย ๆ, ปานกลาง

第43課　本文　お元気ですか

あてさき　宛先	address	alamat yang dituju	ผู้รับ
けんめい　件名	subject	perihal	ชื่อเรื่อง
〜はいかがでしたか。	How was 〜 ?	Bagaimana 〜 ?	〜เป็นอย่างไรบ้าง
さいご　最後	last	terakhir	สุดท้าย
ガラパゴス	Galapagos	Galapagos	กาลาปากอส
カメ	tortoise	kura-kura	เต่า
イグアナ	iguana	iguana	อีกัวน่า
ワニ	crocodile, alligator	buaya	จระเข้
かって[な]　勝手[な]	selfish	egois	เห็นแก่ตัว
〜たち	(plural suffix for people and animals)	(akhiran jamak untuk orang dan hewan)	(คำต่อท้ายแสดงความเป็นพหูพจน์ของคนและสัตว์)
きせい　規制	regulation	peraturan	กฎระเบียบ, ข้อบังคับ
ついしん　追伸	postscript	nota bene	ปัจฉิมลิขิต, ป.ล.
〜をありがとう。	Thank you for 〜 .	Terima kasih atas 〜.	ขอบคุณสำหรับ〜
ごめんなさい。	I'm sorry.	Minta maaf. Maafkan saya.	ขอโทษ
すこしずつ　少しずつ	little by little	sedikit demi sedikit	ค่อย ๆ, ทีละนิด ๆ
うめ　梅	Japanese apricot	prem Jepang	ดอกบ๊วย
そつぎょうします　卒業します	graduate	lulus	จบการศึกษา
おもいで　思い出	memory	kenang-kenangan	ความทรงจำ
はいってきます　入ってきます	come in	masuk ke	เข้ามา
なきます　泣きます	cry	menangis	ร้องไห้
もしかしたら	possibly, perhaps	mungkin	บางที, อาจจะ
ふるさと　故郷	hometown	kampung halaman	บ้านเกิด

ダイオキシン	dioxin	二恶英	다이옥신
にさんかたんそ　二酸化炭素	khí các-bon	二氧化碳	이산화탄소

あなたのエコロジー度は？

エコロジー	thân thiện môi trường	生态学	에콜로지(사회 생태학)
～ど　～度	mức độ ～	～度	～정도
－てん　－点	– điểm	– 分	– 점
しょうエネ　省エネ	tiết kiệm năng lượng	节能	에너지 절약
りようします　利用します	sử dụng	利用	이용합니다
ごうせいせんざい　合成洗剤	bột giặt, bột giặt tổng hợp	合成洗涤剂	합성세제
あぶら　油	dầu, mỡ	油	기름
よごれ　汚れ	vết bẩn, chỗ bẩn	污垢	더러움, 때
まもります　守ります	giữ gìn, bảo vệ	保护	지킵니다
まあまあ	bình thường, tàm tạm	还算可以	그럭저럭 (보통)

第43課　本文　お元気ですか

あてさき　宛先	địa chỉ người nhận	收件人的姓名、地址	받는 이
けんめい　件名	chủ đề	名称	제목
～はいかがでしたか。	～ như thế nào ạ?	～怎么样了?	～어떠셨습니까?
さいご　最後	cuối cùng	最后	마지막
ガラパゴス	Galapagos	加拉帕戈斯	갈라파고스
カメ	rùa	龟	거북이
イグアナ	kỳ nhông, cự đà	鬣蜥	이구아나
ワニ	cá sấu	鳄鱼	악어
かって[な]　勝手[な]	tùy tiện	随心所欲	이기적이다
～たち	những loài ～	～们 (人或动物的复数表现)	～들 (사람이나 동물 등의 복수 표현)
きせい　規制	quy định, chế tài	限制	규제
ついしん　追伸	tái bút	又及	추신
～をありがとう。	Cám ơn vì ～.	谢谢～。	～ 감사해요.
ごめんなさい。	Xin lỗi!	对不起。	미안해요.
すこしずつ　少しずつ	dần dần	渐渐地	조금씩
うめ　梅	cây mơ	梅花	매실
そつぎょうします　卒業します	tốt nghiệp	毕业	졸업합니다
おもいで　思い出	kỷ niệm	回忆	추억
はいってきます　入ってきます	đi vào	进来	들어옵니다
なきます　泣きます	khóc	哭	웁니다
もしかしたら	có thể là, có lẽ là	或许	혹시
ふるさと　故郷	quê hương	故乡	고향

にくじゃが　肉じゃが		meat and potato stew	masakan yang rebus daging dan kentang dengan bumbu	เนื้อต้มมันฝรั่ง
てんぷします　添付します		attach	melampirkan	แนบไปด้วย
かんけい　関係		relationship, connection	hubungan	ความสัมพันธ์
こいびと　恋人		sweetheart	pacar	คนรัก
しんせき　親戚		relatives	sanak famili	ญาติ

タマ川？　アマゾン川？

たまがわ　多摩川（タマ川）	the Tama River	sungai Tama	แม่น้ำทามะ
アマゾン（がわ）　アマゾン（川）	the Amazon River	sungai Amazon	(แม่น้ำ) แอมะซอน
にくしょくぎょ　肉食魚	predatory fish	ikan karnivora	ปลากินเนื้อ
ねったいぎょ　熱帯魚	tropical fish	ikan tropis	ปลาเขตร้อน
ーしゅるい　ー種類	– kind	– jenis	－ประเภท

第44課　本文　カレー

アジア	Asia	Asia	เอเชีย
かけます	put on	menyiram	ราด
めいじじだい　明治時代	Meiji period (1868-1912)	zaman Meiji (1868-1912)	สมัยเมจิ (1868-1912)
エビ	prawn, shrimp	udang	กุ้ง
カエル	frog	kodok	กบ
ふつうの　普通の	ordinary	biasa	ปกติ, ธรรมดา, ทั่วไป
カレーこ　カレー粉	curry powder	bumbu kari	ผงแกงกะหรี่
えいよう　栄養	nutrition	gizi	สารอาหาร, คุณค่าทางอาหาร
ぐんたい　軍隊	army	tentara	กองทัพ
～たち	(plural suffix for people and animals)	(akhiran jamak untuk orang-orang dan hewan)	(คำต่อท้ายแสดงความเป็นพหูพจน์ของคนและสัตว์)
ーねんだい　ー年代	(indicates ten-year periods/ eras)	(menunjukkan era setiap sepuluh tahun)	(ระบุช่วงยุคสมัยทุก ๆ 10 ปี)
こけいの　固形の	solid	padat	ของแข็ง, อัดเป็นก้อน
カレールウ	curry roux	bumbu kari	เครื่องแกงกะหรี่
うどん	noodles	mie Jepang	เส้นอุดง

カレーあれこれ

あれこれ	all sorts of things	serba serbi	(ข้อมูล/เรื่องราว/เกร็ด) ต่าง ๆ
インスタント	instant	instan	(อาหาร) กึ่งสำเร็จรูป
せいさんりょう　生産量	production amount	jumlah produksi	ปริมาณการผลิต
グラフ	graph	grafik	กราฟ
スパイス	spice	rempah	เครื่องเทศ
たいおん　体温	(body) temperature	suhu badan	อุณหภูมิร่างกาย
レトルト	boil-in-the-bag food, retort-packed food	makanan cepat saji	อาหารสำเร็จรูปแบบบรรจุซอง
カップめん	pot noodles	mie cup	บะหมี่กึ่งสำเร็จรูปแบบถ้วย

にくじゃが 肉じゃが	món khoai tây hầm thịt		土豆炖肉	고기감자조림
てんぷします 添付します	gửi kèm, đính kèm		附上、添加	첨부합니다
かんけい 関係	mối quan hệ		关系	관계
こいびと 恋人	người yêu		恋人	애인
しんせき 親戚	họ hàng		亲戚	친척

タマ川？ アマゾン川？

たまがわ 多摩川（タマ川）	sông Tama		多摩川	타마가와（강 이름）
アマゾン（がわ） アマゾン（川）	sông Amazon		亚马逊（河）	아마존 강
にくしょくぎょ 肉食魚	loài cá ăn thịt		食肉鱼	육식성 물고기
ねったいぎょ 熱帯魚	loài cá nhiệt đới		热带鱼	열대어
－しゅるい －種類	loài –, chủng loại –		– 种类	– 종류

第44課 本文 カレー

アジア	châu Á		亚洲	아시아
かけます	rưới, đổ, chan		倒上	끼얹습니다
めいじじだい 明治時代	Thời kỳ Minh Trị (1868-1912)		明治时代（1868-1912）	메이지 시대(1868-1912)
エビ	tôm		虾	새우
カエル	ếch		青蛙	개구리
ふつうの 普通の	bình thường		普通的、一般的	보통
カレーこ カレー粉	bột cà-ri		咖喱粉	카레 가루
えいよう 栄養	dinh dưỡng		营养	영양
ぐんたい 軍隊	quân đội		军队	군대
～たち	những ～, các ～ (đi sau từ chỉ người, con vật biểu thị số nhiều)		～们（人或动物的复数表现）	～들（사람이나 동물 등의 복수 표현）
－ねんだい －年代	những năm –, thập niên –		– 年代	– 년대
こけいの 固形の	dạng cứng		固体的	고형
カレールウ	roux, hạt nêm cà-ri		咖喱糕	카레 루
うどん	mì udon		面条	우동

カレーあれこれ

あれこれ	đủ các loại, cái này cái kia		种种	이모저모
インスタント	ăn liền, ăn nhanh		速成的	인스턴트
せいさんりょう 生産量	sản lượng		产量	생산량
グラフ	đồ thị		图表	그래프
スパイス	gia vị		调味品	스파이스（향신료）
たいおん 体温	thân nhiệt		体温	체온
レトルト	bịch retort		蒸煮袋食品	레토르트, 즉석식품
カップめん	mì bát ăn liền		杯面	컵라면

第44課　プラスアルファ　料理教室

おこのみやき　お好み焼き	Japanese savory pancake	martabak ala Jepang	โอโคโนมิยากิ
〜ぶん　〜分	amount for 〜	〜 porsi	ปริมาณสำหรับ〜(คน)
こむぎこ　小麦粉	flour	tepung terigu	แป้งสาลี
〜カップ	〜 cup	〜 gelas	〜ถ้วย
キャベツ	cabbage	kol	กะหล่ำปลี
2ぶんの1　1/2	one half	setengah	หนึ่งส่วนสอง, ครึ่ง
エビ	prawn, shrimp	udang	กุ้ง
かつおぶし	shaved dried bonito	parutan ikan tongkol kering	ปลาคัทสึโอะแห้ง (ที่ฝานเป็นแผ่นบาง ๆ)
あおのり　青のり	finely cut dried green laver	rumput laut hijau kering	สาหร่ายสีเขียวแห้ง (ที่ตัดเป็นชิ้นเล็ก ๆ)
フライパン	frying pan	penggorengan	กระทะก้นแบน
あぶら　油	oil	minyak	น้ำมัน
ぬります　塗ります	spread	mengoleskan	ทา/เกลี่ยให้ทั่ว
まるく　丸く	round	menjadi bulat	เป็นวงกลม
ひろげます　広げます	spread	dibuat	แผ่ขยาย
やけます　焼けます	be cooked	terpanggang	สุก
やきます　焼きます	fry	memanggang	ทำให้สุก
うらがえします　裏返します	turn over	membalik	กลับด้าน, พลิก
こげます　焦げます	burn	hangus	ไหม้เกรียม
かけます	pour	menyiram	ราด

第45課　本文　119番に電話をかける

きゅうきゅうしゃ　救急車	ambulance	ambulans	รถพยาบาล, รถฉุกเฉิน
しかし	but	tetapi	แต่
うまく	properly	dengan baik, dengan pandai	ชัดถ้อยชัดคำ, อย่างรู้เรื่อง, ไม่ละล่ำละลัก
むだにします	waste	menyia-nyiakan	สิ้นเปลือง, สูญเปล่า
しょうぼうしょ　消防署	fire department	kantor pemadam kebakaran	สถานีดับเพลิง
おちつきます　落ち着きます	calm down	menenangkan hati	ใจเย็น ๆ, ควบคุมสติ
たいていの	most	kebanyakan	ส่วนใหญ่, ส่วนมาก
ちゃんと	properly	dengan baik, dengan tenang	ชัดถ้อยชัดคำ, อย่างรู้เรื่อง, ไม่ละล่ำละลัก
しょうぼうしゃ　消防車	fire engine	mobil pemadam kebakaran	รถดับเพลิง
ねんれい　年齢	age	umur, usia	อายุ
そば	near	sekitar	ด้านข้าง
あわてます　慌てます	be confused	terburu-buru	รีบร้อน, ลนลาน
アドバイスします	advise	menasehati	ให้คำแนะนำ
ひじょう　非常	emergency	darurat	ฉุกเฉิน

第44課　プラスアルファ　料理教室(りょうりきょうしつ)

おこのみやき　お好み焼き	bánh xèo	杂样煎菜饼	일본식 부침개
〜ぶん　〜分	suất ăn cho 〜	〜份	〜인분
こむぎこ　小麦粉	bột mì	面粉	밀가루
ーカップ	– chén	– 杯	– 컵
キャベツ	bắp cải	洋白菜	양배추
2ぶんの1　1/2	một phần hai	二分之一	이분의 일
エビ	tôm	虾	새우
かつおぶし	cá bào	（调味用）干制鲣鱼	가다랭이포
あおのり　青のり	tảo biển xanh	海青菜	파래김
フライパン	chảo	煎锅	후라이팬
あぶら　油	dầu, mỡ	油	기름
ぬります　塗ります	phết, bôi	抹	바릅니다
まるく　丸く	tròn	圆	둥글게
ひろげます　広げます	trải	摊开	펼칩니다，넓힙니다
やけます　焼けます	cháy	烧热	구워집니다，익습니다
やきます　焼きます	nướng, rán	烤	굽습니다
うらがえします　裏返します	lật	翻过来	뒤집습니다
こげます　焦げます	bị cháy	烤焦	탑니다
かけます	rưới, đổ, chan	倒上	뿌립니다，끼얹습니다

第45課　本文　119番(ばん)に電話(でんわ)をかける

きゅうきゅうしゃ　救急車	xe cấp cứu	急救车	구급차
しかし	nhưng	但是	하지만
うまく	trôi chảy	好	잘
むだにします	làm lãng phí	浪费	버립니다
しょうぼうしょ　消防署	trạm cứu hỏa	消防署	소방서
おちつきます　落ち着きます	bình tĩnh, tĩnh tâm	镇静	침착합니다
たいていの	hầu hết	大部分的	대개
ちゃんと	cẩn thận, nghiêm chỉnh	好好	정확히，똑바로
しょうぼうしゃ　消防車	xe cứu hỏa	救火车	소방차
ねんれい　年齢	tuổi	年龄	연령
そば	bên cạnh	旁边	옆
あわてます　慌てます	hấp tấp, vội vàng	慌张	당황합니다
アドバイスします	khuyên, khuyên bảo	劝告	조언합니다，어드바이스합니다
ひじょう　非常	khẩn cấp	非常	비상

第45課　プラスアルファ　危ない！

さけびます　叫びます	shout	berteriak	ตะโกน
スピード	speed	kecepatan	ความเร็ว
バックします	back	mundur	ถอยหลัง
ブレーキ	brake	rem	เบรก
ふしぎ[な]　不思議[な]	strange	(merasa) heran	ประหลาด, แปลก
ページ	page	halaman	หน้า (หนังสือ)

第46課　本文　いとこの長靴

いとこ	cousin	saudara sepupu	ลูกพี่ลูกน้อง
ながぐつ　長靴	boots	sepatu bot, sepatu hujan	รองเท้าบูทยาง
パトカー	patrol car	mobil patroli	รถตำรวจ
せわ　世話	care	perawatan	การดูแล
おふる　お古	hand-me-down (article)	bekas	ของเก่า, ของใช้แล้ว
ノックします	knock	mengetuk	เคาะ
けいさつしょ　警察署	police department	kantor polisi	สถานีตำรวจ
じまん　自慢	boast	kebanggaan	ภูมิใจ, คุยอวด
できごと　出来事	happening	kejadian, peristiwa	เหตุการณ์, เรื่องราว

第46課　プラスアルファ　俳句

はいく　俳句	Japanese poem	puisi pendek khas Jepang	กลอนญี่ปุ่น
おん　音	syllable	mora, syllable	พยางค์
し　詩	poem	syair, puisi	กลอน, บทกวี
リズム	rhythm	irama	จังหวะ
あらわします　表します	symbolize	menyatakan	แสดงความหมาย
こ　子	child	anak	เด็ก
こばやしいっさ　小林一茶	haiku poet (1763-1827)	penyair Haiku (1763-1827)	กวี (1763-1827)
こがらし	cold winter wind	angin dingin yang bertiup pada musim dingin	ลมหนาว
ゆうひ　夕日	setting sun	matahari senja	อาทิตย์อัสดง
ふきおとします　吹き落とします	blow down	meniup	พัดให้ร่วงหล่นลงมา
なつめそうせき　夏目漱石	novelist (1867-1916)	novelis (1867-1916)	นักเขียนนิยาย (1867-1916)
しずみます　沈みます	(the sun) set	(matahari) terbenam	(พระอาทิตย์) ตก
しずかさ	quietness	ketenangan	ความเงียบสงบ
いわ　岩	rock	batu besar	โขดหิน
しみいります	sink into	meresap ke dalam	แทรกซึมเข้าสู่เบื้องลึก
せみ　蟬	cicada	riang-riang	จักจั่น
まつおばしょう　松尾芭蕉	haiku poet (1644-1694)	penyair Haiku (1644-1694)	กวี (1644-1694)
なのはな　菜の花	rape blossoms	bunga lobak berwarna kuning	ดอกเรพ
ひ　日	sun	matahari	พระอาทิตย์
よさぶそん　与謝蕪村	haiku poet (1716-1783)	penyair Haiku (1716-1783)	กวี (1716-1783)

第45課　プラスアルファ　危ない！

さけびます　叫びます	hét, kêu to	叫喊	외칩니다
スピード	tốc độ	速度	스피드
バックします	lùi	倒车	후진합니다
ブレーキ	phanh	刹车器	브레이크
ふしぎ[な]　不思議[な]	kì lạ, lạ lùng	不可思议	이상하다
ページ	trang	页	페이지

第46課　本文　いとこの長靴

いとこ	anh em họ	表哥	사촌
ながぐつ　長靴	ủng	长筒靴	장화
パトカー	xe cảnh sát	警车	경찰차
せわ　世話	chăm sóc	照料	돌봄
おふる　お古	đồ cũ	旧	낡다, 물려받다
ノックします	khóa	敲门	노크합니다
けいさつしょ　警察署	sở cảnh sát	警察署	경찰서
じまん　自慢	tự hào, hãnh diện	骄傲	자랑
できごと　出来事	vụ, sự kiện	事情	일어난 일, 생긴 일

第46課　プラスアルファ　俳句

はいく　俳句	thơ Haiku	俳句	일본 단시
おん　音	âm	音节	음절
し　詩	thơ	诗	시
リズム	nhịp, nhịp điệu	韵律	리듬
あらわします　表します	thể hiện	表现	표현합니다, 나타냅니다
こ　子	bé, bé con	孩子	아이
こばやしいっさ　小林一茶	nhà thơ Haiku (1763-1827)	俳句诗人（1763-1827）	하이쿠 시인(1763-1827)
こがらし	gió đầu mùa đông	寒风	초겨울에 부는 찬 바람
ゆうひ　夕日	mặt trời lặn, hoàng hôn	夕阳	석양
ふきおとします　吹き落とします	thổi rơi	刮落	불어서 떨어뜨립니다
なつめそうせき　夏目漱石	nhà văn viết tiểu thuyết (1867-1916)	小说家（1867-1916）	소설가（1867-1916）
しずみます　沈みます	chìm, lặn	（日）落	（태양이）집니다
しずかさ	sự tĩnh lặng	安静	고요함
いわ　岩	đá, tảng đá	岩石	바위
しみいります	ngấm vào	渗入	스며듭니다
せみ　蟬	ve sầu	蝉	매미
まつおばしょう　松尾芭蕉	nhà thơ Haiku (1644-1694)	俳句诗人（1644-1694）	하이쿠 시인(1644-1694)
なのはな　菜の花	hoa cải	油菜花	유채꽃
ひ　日	mặt trời	太阳	태양, 해
よさぶそん　与謝蕪村	nhà thơ Haiku (1716-1783)	俳句诗人（1716-1783）	하이쿠 시인(1716-1783)

はたけ　畑	field	ladang	ทุ่ง, ไร่

第47課　本文　空を飛ぶ自動車（そらとぶじどうしゃ）

とびます　飛びます	fly	terbang	บิน
スカイカー	skycar	*skycar*	สกายคาร์, รถบิน
かっそうろ　滑走路	runway	landasan	ทางขึ้นลงของเครื่องบิน, รันเวย์
とし　年	year	tahun	ปี
すいちょくに　垂直に	vertically	vertikal	แนวดิ่ง, แนวตั้ง
じっさいに　実際に	actually	benar-benar	จริง, จริง ๆ
そくど　速度	speed	kecepatan	ความเร็ว
きょり　距離	distance	jarak	ระยะทาง
ねんりょう　燃料	fuel	bahan bakar	เชื้อเพลิง
ハイブリッド	hybrid	hibrida	ไฮบริด
そのた　その他	others	lain-lain	อื่น ๆ
こうこく　広告	advertisement	iklan	โฆษณา
すうじ　数字	number	angka	ตัวเลข
のりもの　乗り物	vehicle	kendaraan	ยานพาหนะ
－にんのり　－人乗り	– seater (car)	– kursi	(รถยนต์) －ที่นั่ง
～のスピードがでます　～のスピードが出ます	can run with the speed of ～	dapat berlari dengan kecepatan ～	เร่งความเร็วได้～
いちどに　一度に	at a time	satu kali	ในหนึ่งครั้ง

第47課　プラスアルファ　ほんとうにあるのは？

めぐすり　目薬	eye lotion	obat mata	ยาหยอดตา
コンタクトレンズ	contact lens	kontak lensa	คอนแทคเลนส์
クレジットカード	credit card	kartu kredit	บัตรเครดิต
はずします　外します	take off	melepaskan	ถอด
ヘルメット	helmet	helm	หมวกกันน็อก
めいわくをかけます　迷惑をかけます	annoy, inconvenience	mengganggu	สร้างความเดือดร้อน
おこします　起こします	wake (someone) up	membangunkan	ปลุก
おりたたみしき　折り畳み式	folding	model lipat	แบบพับได้

第48課　本文　竹取物語（たけとりものがたり）

たけとりものがたり　竹取物語	The Tale of the Bamboo Cutter	Kisah Penebang Bambu	ตำนานคนตัดไผ่
たけ　竹	bamboo	bambu	ไม้ไผ่
ふしぎ[な]　不思議[な]	mysterious	ajaib	ประหลาด, แปลก
ひかり　光	light	cahaya	แสง
だします　出します	give out	memancarkan	ปล่อยออกมา
よろこびます　喜びます	be pleased	bergembira	ดีใจ
なまえをつけます　名前をつけます	name	memberi nama	ตั้งชื่อ

はたけ 畑	vườn, ruộng, cánh đồng	田地	밭

第47課　本文　空を飛ぶ自動車

とびます 飛びます	bay	飞	납니다
スカイカー	ô tô bay, skycar	天空车	스카이카
かっそうろ 滑走路	đường băng	跑道	활주로
とし 年	năm	年	해
すいちょくに 垂直に	theo chiều thẳng đứng	垂直地	수직으로
じっさいに 実際に	thực tế	实际	실제로
そくど 速度	tốc độ	速度	속도
きょり 距離	cự li, khoảng cách	距离	거리
ねんりょう 燃料	nhiên liệu	燃料	연료
ハイブリッド	hybrid	混合（电力、内燃）	하이브리드
そのた その他	ngoài ra	其他	그 외, 기타
こうこく 広告	quảng cáo	广告	광고
すうじ 数字	số, con số, chữ số	数字	숫자
のりもの 乗り物	xe, phương tiện giao thông	交通工具	탈 것
－にんのり －人乗り	－ chỗ	－人坐	－ 인승
～のスピードがでます 　～のスピードが出ます	đạt vận tốc ～	达到～速度	～속도를 내다
いちどに 一度に	mỗi lần	一次	한 번에

第47課　プラスアルファ　ほんとうにあるのは？

めぐすり 目薬	thuốc mắt	眼药	안약
コンタクトレンズ	kính áp tròng	隐形眼镜	콘텍트 렌즈
クレジットカード	thẻ tín dụng	信用卡	신용 카드
はずします 外します	tháo	摘下	풉니다，뺍니다
ヘルメット	mũ bảo hiểm	头盔	헬멧
めいわくをかけます 　迷惑をかけます	làm phiền, gây phiền toái	添麻烦	폐를 끼칩니다
おこします 起こします	đánh thức	扶起	깨웁니다
おりたたみしき 　折り畳み式	dạng gấp	折叠式	접이식

第48課　本文　竹取物語

たけとりものがたり 　竹取物語	Chuyện công chúa Kaguya	竹取物語	대나무꾼 이야기
たけ 竹	cây tre	竹子	대나무
ふしぎ[な] 不思議[な]	kì lạ, lạ lùng	不可思议	신기하다, 이상하다
ひかり 光	ánh sáng	光	빛
だします 出します	phát ra	发出	냅니다
よろこびます 喜びます	vui mừng	高兴	기뻐합니다
なまえをつけます 　名前をつけます	đặt tên	起名	이름을 짓습니다

どんどん	rapidly	semakin lama semakin	อย่างรวดเร็ว
おとこ　男	man	laki-laki	ผู้ชาย
～たち	(plural suffix for people and animals)	(akhiran jamak untuk orang dan hewan)	(คำต่อท้ายแสดงความเป็นพหูพจน์ของคนและสัตว์)
しかし	but	tetapi	แต่
ほとけのいしのはち　仏の石の鉢	Buddha's stone bowl	mangkuk batu untuk Buddha	บาตรหินของพระพุทธเจ้า
ほうせき　宝石	jewel	permata	อัญมณี
ねずみのかわ　ねずみの皮	mouse skin	kulit tikus	หนังหนู
りゅうのくびのたま　竜の首の玉	ball on the Dragon's neck	bola di leher naga	เม็ดอัญมณีที่คอมังกร
つばめ	swallow	burung walet	นกนางแอ่น
かい　貝	shell	kerang	หอย
てんのう　天皇	emperor	Kaisar Jepang	จักรพรรดิ
どうしたの？	What's the matter? (informal equivalent of どうしたんですか)	Ada apa? (ucapan informal untuk どうしたんですか)	(รูปไม่ทางการของ どうしたんですか)
もの　者	person	manusia, insan	คน, บุคคล
まんげつ　満月	full moon	bulan purnama	พระจันทร์เต็มดวง
へいたい　兵隊	soldier	prajurit	ทหาร
まもります　守ります	guard	berjaga-jaga	ปกป้อง, คุ้มครอง
よなか　夜中	middle of the night	tengah malam	กลางดึก
～でいっぱいになります	be filled with ～	penuh dengan ～	เต็มไปด้วย～
とびます　飛びます	fly	terbang	บิน
おくりもの　贈り物	present, gift	hadiah	ของขวัญ
ふし　不死	immortality	kehidupan abadi	อมตะ, ไม่มีวันตาย
かなしみます　悲しみます	grieve	bersedih hati	เศร้า
いきます　生きます	live	hidup	มีชีวิต
～のじゅんに　～の順に	in ～ order	urutan sesuai dengan ～	ตามลำดับ～
ながいきします　長生きします	live long	berumur panjang	อายุยืน
～にかんけいがあります　～に関係があります	be related to ～	berhubungan dengan ～	เกี่ยวข้องกับ～

月の動物
つき　どうぶつ

ウサギ	rabbit	kelinci	กระต่าย
もちつき	rice-cake making	pembuatan *mochi* dengan aludan lesung	การตำโมจิ

第49課　本文　人生
じんせい

じんせい　人生	life	kehidupan	ชีวิต
しんろう　新郎	bridegroom	mempelai laki-laki	เจ้าบ่าว
しんぷ　新婦	bride	mempelai perempuan	เจ้าสาว

どんどん	ngày càng	渐渐地	점점
おとこ　男	con trai, đàn ông	男人	남자
～たち	những ～, các ～ (đi sau danh từ chỉ người và con vật chỉ số nhiều)	～们（人或动物的复数表现）	～들（사람이나 동물 등의 복수 표현）
しかし	nhưng	但是	하지만
ほとけのいしのはち　仏の石の鉢	chiếc bình bát của đức Phật	石佛钵	돌로 된 부처의 사발
ほうせき　宝石	đá quý	宝石	보석
ねずみのかわ　ねずみの皮	da chuột	鼠皮	쥐의 가죽
りゅうのくびのたま　竜の首の玉	ngọc cổ rồng	龙脖子上的玉	용 목에 달려있는 구슬
つばめ	chim yến, chim nhạn, chim én	燕子	제비
かい　貝	sò	贝	조개
てんのう　天皇	Thiên hoàng	天皇	천황
どうしたの?	Sao đấy? (cách nói thân mật của どうしたんですか)	怎么了?（どうしたんですか的比较随便的说法）	왜 그래?, 무슨 일이야? （どうしたんですか의 반말）
もの　者	người	者	자
まんげつ　満月	trăng rằm	满月	보름달
へいたい　兵隊	binh lính	军队	병사
まもります　守ります	bảo vệ, canh giữ	保护	지킵니다
よなか　夜中	nửa đêm, đêm khuya	夜里	밤중
～でいっぱいになります	tràn ngập ～	充满了～	～로 가득찹니다
とびます　飛びます	bay	飞	납니다
おくりもの　贈り物	quà tặng	礼物	선물
ふし　不死	bất tử	长生不老	불사
かなしみます　悲しみます	đau buồn	悲伤	슬퍼합니다
いきます　生きます	sống	活着	삽니다
～のじゅんに　～の順に	theo thứ tự ～	按～的顺序	～순서대로
ながいきします　長生きします	sống lâu	长寿	오래 삽니다, 장수합니다
～にかんけいがあります　～に関係があります	có liên quan đến ～	与～有关	～와/과 관계있습니다

月の動物
つき　どうぶつ

ウサギ	con thỏ	兔子	토끼
もちつき	giã bánh dày	捣年糕	떡을 침

第49課　本文　人生
じんせい

じんせい　人生	cuộc đời, đời người	人生	인생
しんろう　新郎	chú rể	新郎	신랑
しんぷ　新婦	cô dâu	新娘	신부

ごしょうかいいたします ご紹介いたします	(humble equivalent of しょうかいします)	(kata merendahkan diri untuk しょうかいします)	(คำถ่อมตัวของ しょうかいします)
～でいらっしゃいます	(respectful equivalent of ～です)	(kata hormat untuk ～です)	(คำย่องของ ～です)
じだい　時代	days	masa	ยุค, สมัย
モスクワ	Moscow	Moskow	มอสโคว
たいしょくします 退職します	retire	berhenti bekerja	เกษียณ, ออกจากงาน
[ほんを]だします [本を]出します	publish [a book]	menerbitkan [buku]	ออก [หนังสือ]
まだまだ	a lot more	masih banyak lagi	ยัง...อีกมาก
このたび　この度	this time	kali ini, sekarang	ครั้งนี้, โอกาสนี้
けっしん　決心	determination	ketetapan hati	การตัดสินใจ
デザイナー	designer	perancang	ดีไซเนอร์
ふじん　夫人	Mrs., wife	Ibu	นาง... (คำที่ใช้เรียกภรรยาของผู้อื่นอย่างยกย่อง)
ーしゅうねん　ー周年	-th anniversary	ulang tahun yang ke –	วันครบรอบ – ปี
ねんげつ　年月	years	bertahun-tahun (lamanya)	วันเวลา
[ーしゅうねんを]むかえます [　周年を]迎えます	commemorate [–th anniversary]	menyambut [ulang tahun yang ke –]	เฉลิมฉลอง/มีชีวิตอยู่จนถึง [วันครบรอบ – ปี]
いきます	pass away	meninggal, wafat	เสียชีวิต
いまごろ　今ごろ	now	sekarang	ป่านนี้, ตอนนี้
やすらかにおねむりください。 安らかにお眠りください。	May you rest in peace.	Semoga beristirahat dalam damai.	ขอให้นอนหลับให้สบาย, ขอให้ดวงวิญญาณไปสู่สุคติ
すうじ　数字	number	angka	ตัวเลข
ながいきします 長生きします	live long	berumur panjang	อายุยืน

第49課　プラスアルファ　あいさつ状

あいさつじょう あいさつ状	greeting card	kartu ucapan salam	บัตรอวยพร
あけましておめでとうございます。 明けましておめでとうございます。	A Happy New Year!	Selamat tahun baru.	สวัสดีปีใหม่
いたします	(humble equivalent of します)	(kata merendahkan diri untuk します)	(คำถ่อมตัวของ します)
よろこんで　喜んで	with pleasure	dengan senang hati	ด้วยความยินดี
しゅっせきさせていただきます 出席させていただきます	have the honor to attend	(menyatakan perasaan bahwa menerima dengan rendah hati)	(คำถ่อมตัวของ しゅっせきします)
みじゅく[な]　未熟[な]	inexperienced	kurang pengalaman	อ่อนประสบการณ์

ごしょうかいいたします ご紹介いたします	giới thiệu (khiêm tốn ngữ của しょうかいします)	介绍（しょうかいします的谦逊语）	소개해 드리겠습니다（しょうかいします의 겸양어）
～でいらっしゃいます	(kính ngữ của ～です)	（～です的尊敬语）	～십니다, 이십니다（～です의 존경어）
じだい 時代	thời, thời đại, thời kỳ	时代	시대
モスクワ	Mát-xcơ-va	莫斯科	모스코바
たいしょくします 退職します	thôi việc	退职	퇴직합니다
[ほんを]だします [本を]出します	xuất bản [sách]	出版[书]	[책을]냅니다
まだまだ	vẫn còn nhiều	还	아직 더
このたび この度	đợt vừa rồi	这次	이번에
けっしん 決心	quyết tâm	决心	결심
デザイナー	nhà thiết kế	设计师	디자이너
ふじん 夫人	phu nhân	夫人	부인
－しゅうねん －周年	kỷ niệm – năm	– 周年	– 주년
ねんげつ 年月	năm tháng	岁月	세월
[－しゅうねんを]むかえます [－周年を]迎えます	đón chào [kỷ niệm – năm]	迎来[–周年]	[–주년을] 맞습니다
いきます	ra đi, mất	逝去	지나가버립니다
いまごろ 今ごろ	khoảng thời gian này	现在	지금 쯤
やすらかにおねむりください。 安らかにお眠りください。	Hãy yên nghỉ!	请安眠吧。	고이 잠드소서.
すうじ 数字	số, con số, chữ số	数字	숫자
ながいきします 長生きします	sống lâu	长寿	오래 삽니다, 장수합니다

第49課 プラスアルファ あいさつ状

あいさつじょう あいさつ状	thư cảm ơn	问候信	인사 카드, 안부 카드
あけましておめでとうございます。 明けましておめでとうございます。	Chúc mừng năm mới!	新年好。	새해 복 많이 받으세요.
いたします	(khiêm tốn ngữ của します)	（します的谦逊语）	드립니다（します의 겸양어）
よろこんで 喜んで	lấy làm vui mừng	欣然	기쁘게
しゅっせきさせていただきます 出席させていただきます	tham dự (Biểu lộ thái độ tiếp nhận một cách nhún nhường, lễ phép)	出席（表示恭恭敬敬接受邀请的心情）	참석하겠습니다 (축하하며 기쁘게 받아들이는 기분을 나타냄)
みじゅく[な] 未熟[な]	vẫn non nớt, chưa chín chắn	尚不成熟	미숙하다

しょちゅうおみまいもうしあげます。暑中お見舞い申し上げます。	(seasonal greeting for summer)	(ucapan selamat dalam musim panas)	(คำทักทายช่วงฤดูร้อน)
いかがおすごしでいらっしゃいますか。いかがお過ごしでいらっしゃいますか。	How are you? (respectful equivalent of どうすごしていますか)	Apa kabar? (ucapan hormat untuk どうすごしていますか)	(คำย่องของ どうすごしていますか)
まだまだ	still	masih	ยัง...อีกมาก
〜でいらっしゃいますか。	(respectful equivalent of 〜ですか)	(ucapan hormat untuk 〜ですか)	(คำย่องของ 〜ですか)
さて	now	selanjutnya	ทั้งนี้
わたくし　私	I (humble equivalent of わたし)	saya (kata merendahkan diri untuk わたし)	ผม, ดิฉัน (คำถ่อมตัวของ わたし)
このたび　この度	recently	kini	ครั้งนี้, โอกาสนี้
かき　下記	the following	dibawah ini	ตามที่ระบุด้านล่าง
おちかくにおいでのせつは　お近くにおいでの節は	when you are in the neighborhood	jikalau datang di sekitar sini	หากมีโอกาสผ่านมาแถวนี้
たちよります　立ち寄ります	drop in	mampir, singgah	แวะ

第50課　本文　紫式部に聞く

むらさきしきぶ　紫式部	novelist who wrote "The Tale of Genji" in the Heian Period	novelis terkenal pada zaman Heian yang mengarang "Kisah Genji"	นักเขียนนิยายสมัยเฮอัน ผู้แต่งเรื่อง "เกนจิโมโนกาตาริ"
ミュージカル	musical	musikal	ละครเพลง
テーマ	theme	tema	ประเด็นหลัก
あい　愛	love	cinta	ความรัก
また	also, and	dan juga	และ, อีกทั้ง, นอกจากนี้
へいあんじだい　平安時代	Heian period	zaman Heian	สมัยเฮอัน
タイムマシン	time machine	mesin waktu	ไทม์แมชชีน
チェコ	Czech Republic	Republik Ceko	สาธารณรัฐเช็ก
オランダ	Holland	Belanda	เนเธอร์แลนด์
モンゴル	Mongolia	Mongolia	มองโกเลีย
20だい　20代	one's twenties	umur dua-puluhan	ช่วงอายุ 20
てんのう　天皇	emperor	Kaisar Jepang	จักรพรรดิ
わか　和歌	Japanese traditional poem of 31 sylables	puisi pendek khas Jepang, terdiri dari 31 mora	กลอนวะกะ (กลอนญี่ปุ่น มี 31 พยางค์)
じだい　時代	period, era	zaman	ยุค, สมัย
むらかみはるき　村上春樹	novelist (1949-)	novelis (1949-)	นักเขียนนิยาย (1949-)
たいだん　対談	interview, talk between two people	dialog	การพูดคุยกัน
インタビュー	interview	interviu, wawancara	การสัมภาษณ์
ないよう　内容	content	isi	เนื้อหา

しょちゅうおみまいもう しあげます。 暑中お見舞い申し上げます。	(câu văn viết hỏi thăm vào mùa hè)	（夏天的季节问候）	복중 문안인사 드립니다．（여름 인사）
いかがおすごしでいらっしゃいますか。 いかがお過ごしでいらっしゃいますか。	Ông/bà sống thế nào ạ? (tôn kính ngữ của どうすごしていますか)	过得怎么样？（どうすごしていますか的尊敬语）	어떻게 지내고 계십니까？（どうすごしていますか의 존경어）
まだまだ	vẫn còn	还	아직 더
～でいらっしゃいますか。	(tôn kính ngữ của ですか)	（～ですか的尊敬语）	～하십니까？（～ですか의 존경어）
さて	xin được nói chuyện khác	却说	참
わたくし　私	tôi (khiêm tốn ngữ của từ わたし)	我（わたし的谦逊语）	저（わたし의 겸양어）
このたび　この度	đợt vừa rồi	这次	이번에
かき　下記	ghi dưới đây	下列	하기, 아래
おちかくにおいでのせつは お近くにおいでの節は	khi nào có dịp đến khu vực này	到附近来的时候	근처에 오실 때는
たちよります 立ち寄ります	rẽ qua, tạt qua	顺路来我家	들릅니다

第50課　本文　紫式部に聞く

むらさきしきぶ　紫式部	nhà văn viết tiểu thuyết Thời kỳ Heian, tác giả của "Truyện kể Genji"	平安时代小说家，《源氏物语》的作者	헤이안 시대 소설가로 겐지모노가타리의 작가
ミュージカル	ca kịch, âm nhạc	音乐剧	뮤지컬
テーマ	chủ đề, đề tài	主题	테마
あい　愛	tình yêu	爱	사랑
また	ngoài ra, lại nữa	另外	또한
へいあんじだい　平安時代	Thời kỳ Heian	平安时代	헤이안 시대
タイムマシン	cỗ máy thời gian	时间机器	타임머신
チェコ	Séc	捷克	체코
オランダ	Hà Lan	荷兰	네덜란드
モンゴル	Mông Cổ	蒙古	몽골
20だい　20代	những năm 20 tuổi	20岁到30岁的人	20대
てんのう　天皇	Thiên hoàng	天皇	천황
わか　和歌	thể thơ truyền thống của Nhật Bản gồm 31 chữ	由31个字构成的日本传统诗歌	31 음절로 구성된 일본 전통 시
じだい　時代	thời, thời đại, thời kỳ	时代	시대
むらかみはるき　村上春樹	nhà văn viết tiểu thuyết (1949-)	小说家（1949-）	소설가（1949-）
たいだん　対談	đối thoại	对谈	대담
インタビュー	phỏng vấn	采访	인터뷰
ないよう　内容	nội dung	内容	내용

［ないように］あいます ［内容に］合います	suit/be right [for the content]	sesuai [dengan isi]	ตรงกับ [เนื้อหา]
アジア	Asia	Asia	เอเชีย
きじ　記事	article	artikel	บทความ

第50課　プラスアルファ　お会いできて、うれしいです

じこしょうかい　自己紹介	self-introduction	perkenalan diri	การแนะนำตัว
スウェーデン	Sweden	Swedia	สวีเดน
ダイナマイト	dynamite	dinamit	ไดนาไมท์
がか　画家	painter	pelukis	จิตรกร
ーねんだい　ー年代	(indicates ten-year periods/eras)	(menunjukkan setiap sepuluh tahun)	(ระบุช่วงยุคสมัยทุก ๆ 10 ปี)
ゲルニカ	title of a painting	nama karya lukisan	ชื่อภาพวาด
らしょうもん　羅生門	title of a movie	judul film	ชื่อภาพยนตร์
ベネチアこくさいえいがさいきんじししょう　ベネチア国際映画祭金獅子賞	The Golden Lion, the highest prize given at the Venice Film Festival	Festival Film Venice, Gold Prize	รางวัลสิงโตทองคำ เทศกาลภาพยนตร์นานาชาติเวนิส
そうたいせいりろん　相対性理論	the theory of relativity	teori relativitas	ทฤษฎีสัมพัทธภาพ
ぼうめいします　亡命します	seek asylum	minta suaka	ลี้ภัย
かつやくします　活躍します	play a conspicuous part	bergerak	มีบทบาทสำคัญ
くろさわあきら　黒澤明	movie director (1910-1998)	sutradara (1910-1998)	ผู้กำกับภาพยนตร์ (1910-1998)
ノーベル	Nobel, Alfred Bernhard (1833-1896)	Alfred Bernhard Nobel (1833-1896)	อัลเฟรด เบอร์นาร์ด โนเบล (1833-1896)

[ないように]あいます ［内容に］合います	hợp, phù hợp [với nội dung]	与[内容]相符	[내용에]맞습니다
アジア	châu Á	亚洲	아시아
きじ　記事	bài, bài viết	报导	기사

第50課　プラスアルファ　お会いできて、うれしいです

じこしょうかい　自己紹介	tự giới thiệu	自我介绍	자기 소개
スウェーデン	Thụy Điển	瑞典	스웨덴
ダイナマイト	thuốc nổ dinamite	炸药	다이너마이트
がか　画家	họa sỹ	画家	화가
－ねんだい　－年代	những năm – , thập niên –	－年代	－ 년대
ゲルニカ	tên tác phẩm	绘画作品名	그림 작품명
らしょうもん　羅生門	tên phim	电影名	영화제목
ベネチアこくさいえいが さいきんじししょう ベネチア国際映画祭金 獅子賞	Giải Sư tử vàng Liên hoan phim quốc tế Venezia	威尼斯国际电影金狮奖	베네치아 국제 영화제 금사자상
そうたいせいりろん 相対性理論	Thuyết tương đối	相对论	상대성 이론
ぼうめいします 亡命します	lưu vong	亡命	망명합니다
かつやくします 活躍します	hoạt động tích cực	活跃	활약합니다
くろさわあきら 黒澤明	đạo diễn phim (1910-1998)	电影导演（1910-1998）	영화감독 1910-1998
ノーベル	An-phrét Nô-ben (1833-1896)	阿尔弗雷德・贝恩哈德・诺贝尔（1833-1896）	알프레드 버나드 노벨 （1833-1896）

解答

ページ

4　第26課　本文　宇宙ステーションの生活はどうですか
　　　I　1）×　2）○　3）×　4）×

6　第26課　プラスアルファ　クイズ　宇宙
　　　1．③　2．①　3．①　4．②　5．①　6．③　7．③　8．②　9．③

8　第27課　本文　忍者
　　　I　1．1）○　2）○　3）×　4）×
　　　　2．1）とても速く歩くこと、走ること、高い壁を登ること、長い時間水の中にいること、遠い所を見ること、小さい音を聞くことなど。
　　　　　2）厳しい訓練をしたから。

10　第28課　本文　昼ごはんはどこで？　何を？
　　　I　①社員食堂　②安いし、料理のカロリーがわかるから
　　　　③教室の近くのレストラン　④1,500円の日替わりランチ
　　　　⑤おいしいし、静かだし、サービスもいいから　⑥教室　⑦弁当屋の弁当
　　　　⑧メニューも多いし、あまり高くないし、おかずもごはんも温かいから
　　　　⑨教室　⑩給食

12　第29課　本文　わたしの失敗
　　　I　1．1）○　2）×　3）×　4）○
　　　　2．1）友達が駅で待っていてくれたから。
　　　　　2）バスタブにお湯が入っていなかったから。
　　　　　3）「土曜日はいいです」と言ったから。

14　第30課　本文　日本でいちばん
　　　I　1）②　2）②　3）③

16　第30課　プラスアルファ　伝言メモ
　　　1）d　2）a　3）e　4）c　5）b

18　第31課　本文　1月1日
　　　I　1）×　2）×　3）×　4）○

ページ
20　第31課　プラスアルファ　あなたは何年生まれ？

1. ネズミがうそを言ったから、ネコは神様のうちへ早く行けなかった。
ネコは遅れてしまったから、仕事がもらえなかった。それでネコは今も怒っているから。

2. ことしが2015年だったらヒツジ年、2016年だったらサル年。

3.

ことし＼生まれた年	1970年	1982年	1994年	2006年
2015年	45歳	33歳	21歳	9歳
2016年	46歳	34歳	22歳	10歳
2017年	47歳	35歳	23歳	11歳

22　第32課　本文　桜とお花見

　I　1）×　2）○　3）○　4）×　5）○

24　第32課　プラスアルファ　お花見

1. 1）a　2）b　3）c
2. c
3. 1）3　2）2　3）1
4. ①b　②c　③a

26　第33課　本文　大声大会

　I　1. 1）③　2）①　3）③
　　　2. 1）○　2）○　3）×

28　第33課　プラスアルファ　こんな人にこのことば

人	石川	南山	上田	田村	高橋
ことば	c	e	b	a	d

30　第34課　本文　あなたの国では？

　I　1. 1）b　2）c　3）a

ページ

32　第35課　本文　自動販売機(じどうはんばいき)
　Ⅰ　1．①飲(の)み物(もの)　②生活用品(せいかつようひん)　③23　④食(た)べ物(もの)　⑤4
　　　2．1）○　2）×　3）×
　　　3．町(まち)の美(うつく)しさを壊(こわ)す。
　　　　　ごみが増(ふ)える。

35　第35課　プラスアルファ　ほんとうに自動販売機(じどうはんばいき)で売(う)っているの？
　ⅰ

36　第36課　本文　動物(どうぶつ)の目(め)
　Ⅰ　1．1）×　2）○　3）○　4）○
　　　2．①クマ、トラ　②シカ、ラクダ　③ワニ、カエル

38　第37課　本文　55年(ねん)かかってゴールインした日本人選手(にほんじんせんしゅ)
　Ⅰ　1．1）×　2）○　3）×　4）×
　　　2．1）①　2）②　3）②　4）②　5）②

42　第38課　本文　消(け)したいもの
　Ⅰ　1．①恥(は)ずかしいこと　②悪(わる)い政治家(せいじか)　③恥(は)ずかしいこと
　　　　　④にきびやしみ　⑤入学試験(にゅうがくしけん)
　　　2．1）×　2）○　3）×　4）×

45　第38課　プラスアルファ　なぞなぞ
　　　1．水(みず)　2．名前(なまえ)　3．にせ金(がね)　4．年(とし)　5．夢(ゆめ)

46　第39課　本文　万次郎(まんじろう)
　Ⅰ　1 f　2 d　3 b　4 c　5 e　6 a

49　第39課　プラスアルファ　読(よ)みましたか・見(み)ましたか・聞(き)きましたか
　　　1）a　2）b　3）e　4）d　5）c

50　第40課　本文　常識(じょうしき)
　Ⅰ　1）×　2）○　3）○　4）○

54 第41課　本文　ロボットといっしょ

Ⅰ　1. 1) ○　2) ×　3) ○　4) ×

2. 子どもの数が少なくなって、お年寄りが増えている。お年寄りが一人で生活するのは大変だし、体が自由に動かなくなって、ほかの人に手伝ってもらわなければならない人も多いから。

56 第42課　本文　肉を食べると

Ⅰ　1. 1) 人々の食生活が変わったから。

2) 世界の人口の3倍以上

2. ① b　② a　③ d　④ c

58 第42課　プラスアルファ　地球はどうなる？

① b　② c　③ a

60 第43課　本文　お元気ですか

Ⅰ　1. ①

2. ③

3. 1) ○　2) ○　3) ○　4) ×

4. ②

64 第44課　本文　カレー

Ⅰ　1. 1) ×　2) ○　3) ○　4) ○

2. 軍隊でカレーを食べた人たちが家でもカレーを作って食べたから。

67 第44課　プラスアルファ　料理教室

1 b　2 c　3 d　4 a

68 第45課　本文　119番に電話をかける

Ⅰ　1) ×　2) ○　3) ○　4) ○

70 第45課　プラスアルファ　危ない！

1) c　2) f　3) d　4) a　5) e　6) b

72 第46課　本文　いとこの長靴

Ⅰ　1. 1) c　2) e　3) a　4) d　5) b

2. 1) いとこからもらった長靴だったから。

2) 自分の答えを信じてもらえなかったから。

3) 例：3歳の子どもがどこかへ行くときは、いっしょに行ってください。
　　子どもの物に正しい名前を書いてください。

ページ

74 第46課　プラスアルファ　俳句
　　1．1）秋　2）冬　3）夏　4）春

76 第47課　本文　空を飛ぶ自動車
　　Ⅰ　1．1）×　2）○　3）×
　　　　2．①　4　②　322　③　805

78 第47課　プラスアルファ　ほんとうにあるのは？
　　1．クレジットカードになる時計、折り畳み式の橋

80 第48課　本文　竹取物語
　　Ⅰ　1．1 b　2 e　3 c　4 a　5 f　6 d
　　　　2．1）②　2）③　3）②　4）②　5）③

84 第49課　本文　人生
　　Ⅰ　1．①　さくら大学　②　1994年　③　2000年　④　2018年
　　　　　　⑤　47歳　⑥　結婚50周年
　　　　2．1）○　2）×　3）×
　　　　3．②

87 第49課　プラスアルファ　あいさつ状
　　1）d　2）c　3）e　4）a　5）b

88 第50課　本文　紫式部に聞く
　　Ⅰ　1．1）×　2）○　3）○　4）×
　　　　2．1）○　2）×　3）×　4）×

91 第50課　プラスアルファ　お会いできて、うれしいです
　　1）d　2）a　3）c　4）b

教師用ガイド

　本書は初級後期の学習者を対象にした読解教材です。学習項目は『みんなの日本語　初級Ⅱ　第2版　本冊』に準拠しています。『みんなの日本語　初級Ⅱ　第2版　本冊』以外の教科書をお使いの場合は学習項目一覧の文型を参考に適当なものを選んでください。

Ⅰ　作成方針
　日本語学習における読解はややもすれば問題を解くための練習が中心のものになりがちです。そのため学習者は長い文章を詳しく読み取る作業を課され、読むことが苦痛になる場合もあります。本書は、初級後期の学習者が「読む」ことをおもしろいと感じ、楽しみながら読む技術を身につけられることを目指して、以下の点に配慮しました。

1．さまざまな内容、形式の読み物で構成する。
　学習者の興味、関心は人によって違いますが、いろいろな学習者が楽しんで読めるように内容、形式ともにできるだけバラエティーに富んだものにしました。

2．本文の長さは1〜2ページ程度（1,000字程度）に収める。
　課によって多少の違いはありますが、原則として、文章は初級後期の学習者に適当と思われる長さにしました。課が進むに従って短いものから長いものに徐々に移っていくようにしてあります。

3．文法項目は既習の範囲で理解できるものにする。
　習っていない文法項目が出てくると、それにひっかかってしまい、読む作業が中断してしまうことがあります。全体を読み通すということを第一に考え、文法項目を既習の範囲で理解できるものにしてあります。なお、理解が難しいと思われる場合は、［留意点］で説明しています。

4．新出語彙はできるだけ少なくする。
　知らない語彙が多いと読む意欲がそがれてしまいます。『みんなの日本語　初級Ⅱ　第2版　本冊』の該当課までで習っていない語彙は各課とも多くとも30程度までとし、学習者の便をはかって6か国語訳をつけました。

5．問題は内容のポイントが読み取れているかどうかを問うものにする。
　精読を要求するよりは内容のポイントをとらえる練習を数多く継続的に行い、読みに慣れることを目指しました。

6．振りがなは漢字の下に振る。
　日本語を読む際に漢字学習は不可欠のものですが、初級後期の段階では漢字学習の進度に差があります。この点に配慮して漢字にはすべて振りがなを振ってありますが、漢字の下に振ってありますので、漢字学習が進んでいる学習者には振りがなを隠して読ませることが可能です。

Ⅱ　構成と特徴
　「本文」「プラスアルファ」があります。

1．本文
　トピックや形式がさまざまな読み物で構成されています。問題にはⅠとⅡがあり、問題Ⅰは内容がどのくらい理解できているかを確認するものです。問題Ⅱは、読んだ内容に関連した教室活動を行うためのタスクです。単に読んで解答して終わりというのではなく、学習者の能動的な言語活動を促すのがこのタスクの目的です。本文の内容に関連した資料が載っている課もありますので、タスクに活用してください。
　また、内容の理解を深めるための資料がついている課もあります。本文によって得た知識を確認し、さらに活発なコミュニケーション活動につなげることもできます。

2．プラスアルファ
　課によっては「プラスアルファ」のページを設けてあります。これはクイズ、アンケートなどの形式が中心で、読んで楽しむためのページです。時間的に余裕がある場合や、早く本文を読み終えてしまった学習者がいた場合などに読ませるとよいでしょう。また、教室活動を行う際の話題としても利用してください。

Ⅲ　使い方
　第26課から50課までの本文とプラスアルファの使い方を以下の点について簡単に説明します。

　ねらい　　　：学習者が読んで何をするか、何がわかればいいかなどについて
　読むまえに：指導するまえにしておいたほうがいい準備、読解に入るまえに導入として行ったほうがいいことについて
　読んでから：読解が終わったあとで、どのように内容を発展、応用させるかの例について

留意点　：主に『みんなの日本語　初級Ⅱ　第２版　本冊』の該当課までで習っていない文法事項について

　以上が、授業を楽しく、おもしろいものにするヒントになれば幸いです。なお、読解は学習者のレベルによってかかる時間が異なりますので、各課の読解に特に標準的な所要時間を設けていません。学習者に応じて、適当な時間をとって本書を活用してくださるようにお願いいたします。

第26課　本文　宇宙ステーションの生活はどうですか　[宇宙飛行士へのインタビュー]

ねらい
- 宇宙ステーションの中の日常生活を知る。
- インタビューによる話の展開を楽しむ。

読むまえに
- 宇宙に興味があるか、宇宙に行ってみたいか、宇宙についてどんなことを知っているか聞いてみる。
- 宇宙ステーションの中の様子や生活に関する資料、写真を準備しておくとよい。

読んでから
- 宇宙ステーションや宇宙での生活についてほかにどんなことを聞きたいか、インタビューの形式で項目を挙げさせる。

留意点
- 90分<u>で</u>１回地球を回っています
  この「で」はある事柄の実現に要する金額、時間、数量などの限度や範囲を表す。『みんなの日本語　初級Ⅱ　第２版　翻訳・文法解説』p.49-5参照。
- まえ<u>と</u>同じになります
  「同じです」は助詞「と」をとる。

第26課　プラスアルファ　クイズ　宇宙　[宇宙についてのクイズ]

- 宇宙および宇宙ステーションについてのクイズを楽しむ。
- 宇宙についてほかにどんなことを知りたいか話し合う。

留意点
- 地球を90分<u>で</u>回る宇宙ステーション
  第26課本文留意点参照。

第27課　本文　忍者　[忍者についての説明文]

ねらい
- 忍者に関する説明文を読み、どんな存在かを知る。
- 忍者はどんな能力を持っていたか理解する。

読むまえに
- 「忍者」について、学習者がどのくらい知っているか、どんな人物をイメージするか聞いてみる。
- 忍者の写真やマンガ、忍者屋敷の資料などを準備するとよい。

読んでから
- 忍者の映画やマンガを見た学習者がいたら、感想やストーリーを話させる。
- 資料を参考に忍者屋敷、忍者の道具などを紹介する。また、忍者の訓練にはほかにどんなものが考えられるか、いろいろなアイデアを出させてみる。
- 学習者の国にも忍者のような人が過去にいたか、あるいは現代にもいるかどうか聞いてみる。
- 忍者の簡単な歴史を紹介してもよい。

留意点
- 遠い所がよく<u>見えた</u>／小さい音でもよく<u>聞こえた</u>
  ここでは視力、聴力としての能力を言っている。

第28課　本文　昼ごはんはどこで？　何を？　[いろいろな人がそれぞれの昼食について述べた文]

ねらい
- 昼食をどこで食べるか、何を食べるか、だれと食べるか、また、その理由は何かを読み取る。
- 日本人の昼食事情の一端を知る。

読むまえに
- いつもどこで昼食を食べるか、何をよく食べるか聞いてみる。
- 昼食で困ることや不満に思うことがないか聞いてみる。

読んでから
- 学習者の国の昼食事情を話させる。食べる場所や食べる物、値段、かける時間など、いろいろな点で日本とどう違うか比べさせるとよい。

留意点
- おかず<u>も</u>ごはん<u>も</u>温かいですから
  この「Aも、Bも」は、「AとB、どちらも」の意味である。
- <u>よくかみましょう／嫌いなものも食べましょう</u>
  「～ましょう」は『みんなの日本語　初級Ⅰ　第2版　本冊』第6課で学習したが、指示を和らげて言うときにも使われる。

第29課　本文　わたしの失敗　[日本社会での異文化理解上の失敗談]

ねらい
- 3つのストーリーの内容をそれぞれつかむ。
- どんな失敗か、またその原因は何かを読み取る。

読むまえに
- 日本での体験に限らず、今までどんな失敗をしたかについて、いくつか発表させておく。
- 電車やバスを乗り間違えたことがないかどうか、話し合っておく。おふろの入り方については、洗い場で体を洗ってから浴槽に入る習慣を知らせておく。

読んでから
- 友達をどのくらい待つことができるかといった方向に話を発展させてもよい。
- 「いいです」と同様のことばの意味の取り違えがこれまでなかったかどうか話し合う。

留意点
- 日本語の「いいです」には「それでいい」と「要らない」の意味があることを説明する。

第30課　本文　日本でいちばん　[古い時計を収集している人物の紹介文]

ねらい
- 物を大量に収集している人の紹介文を読む。
- 収集の動機や現在の状況、将来の計画などを読み取る。

読むまえに
- 「趣味」にはどんな活動があるか、どんなことをイメージするか聞いてみる。

読んでから
- 珍しい物あるいは何かを大量に集めている人物を知っていたら紹介させる。
- 個人の収集物を展示した博物館などの資料があれば紹介する。学習者にも紹介させる。

留意点
- 古い時計を見ると、買って<u>しまいます</u>
  『みんなの日本語　初級Ⅱ　第2版　本冊』第29課で後悔、残念あるいは完遂するという意味の「～てしまいます」を学んだが、この「～てしまいます」は本人の意志にかかわりなく、ついしてしまう行為を表す。

第30課　プラスアルファ　伝言メモ　[伝言のメモ書き]

- メモを読み、その内容からだれがだれに書いたものか類推する。
- 状況を与え、伝言メモを作らせる。（例：電話の伝言メモ、留守番を頼んだ相手にしてもらうことなど）

第31課　本文　1月1日　[家族それぞれの新年の決意]

ねらい
- 「1年の計は元旦にあり」という日本の習慣を知る。
- 家族それぞれの新年にしようと思うこと、なぜそうしようと思うかを読み取る。

読むまえに
- 学習者の国では一般的に新年に何か特別なことをするかどうか聞いてみる。

読んでから
- 登場人物の新年の決意についてどう思うか話させる。
- 今までどんな決意をして、どのくらい実行できたか話させる。
- それぞれのことしの決意を発表させる。

第31課　プラスアルファ　あなたは何年生まれ？　［干支の話］
- 干支の知識を得る。
- 干支の成り立ちの民間伝承を知る。
- 自分の干支を知る。

留意点
- 大切な仕事を<u>あげよう</u>
   この「～（よ）う（一人称単数の意志）」は『みんなの日本語　初級Ⅱ　第2版　翻訳・文法解説』p.49-4参照。話者の意志を伝える「わたしが～しましょう」の普通形である。

第32課　本文　桜とお花見　［日本人と桜の強いつながりとお花見の楽しみ方の紹介文］
ねらい
- 日本人の桜に寄せる思いを知る。
- お花見の楽しみ方を知る。

読むまえに
- お花見をしたことがあるかどうか、聞いてみる。
- お花見の様子がわかる絵や写真を用意するとよい。

読んでから
- 自国の人に最も愛されている花は何か、それはどんな花か（咲く時期、色や形、香りなど）、話させる。
- 自国の花にまつわるイベントを紹介させる。

留意点
- <u>「上野公園の桜は来週金曜日ごろ満開になるでしょう。」とか、「弘前城の桜はもうすぐ咲くでしょう。」とか</u>
   「（名詞）とか、（名詞）とか」は『みんなの日本語　初級Ⅱ　第2版　本冊』第30課で扱っている。この課の「（文）とか、（文）とか」も意味は同じである。
- 春になると、桜の名所<u>も</u>、町の公園<u>も</u>、朝から夜まで人でいっぱいです
   第28課本文留意点参照。

第32課　プラスアルファ　お花見　［お花見についてのアンケート結果］
- 日本人が桜の花が好きなこと、お花見が好きなことを数字から知る。
- 花見の好みも、年代によって変わりがあること、楽しみ方も色々あることを知る。
- 桜が食用にもなることを知り、自国で観賞用の花が、食用や飲料になったりするかどうか、話し合う。
- 桜餅に関しては、大きく東日本と西日本で作り方が違うので、2種類を紹介してある。

第33課　本文　大声大会　［大声大会とその意義についての紹介文］
ねらい
- 大声大会というイベントの存在を知り、その意義について考えてみる。
- 命令文を使って叫ぶ心情を理解する。

読むまえに
- 日常生活で大声を出す機会があるか、どんなときに大声を出すか、大声で叫びたい衝動にかられるときがあるか、そんなときはどうするか、もし大声大会があったら参加するか、学習者の国でもあるかなどについて聞いてみる。

読んでから
- クラスで大声大会を行う。実際に無理な場合は仮にあるとしたらどんなことを叫びたいか書かせる。
- 資料を参考に、学習者の国ではどんなおもしろいイベントがあるか、参加したことがあるか、ほかにどんなイベントがあったらいいと思うかなどを話し合う。

留意点
- この人は何か幸子さんに謝りたいことがある<u>のでしょう</u>
   「～のでしょう」は『みんなの日本語　初級Ⅱ　第2版　本冊』第26課学習文型「～んです」の書きことばである「～のです」の「です」が「でしょう」になった形で、理由を推測している。

第33課　プラスアルファ　こんな人にこのことば　［ことわざや格言など］
- ことわざや格言の形式に慣れる。
- ことわざの意味とそれを使う状況を結びつける。

留意点
- 寝るまえは
『みんなの日本語 初級Ⅰ 第2版 本冊』第18課で「～まえに」を学習したが、この「～まえに」にとりたての「は」がつき、「に」が落ちたもの。とりたての「は」については『みんなの日本語 初級Ⅱ 第2版 翻訳・文法解説』p.19-7を参照。
- ベッドで吸うんだ
「禁煙しないんですか」と聞かれ、「考えたことがない」と答えて、どのくらい考えていないのかを「ベッドで吸うんだ（寝たばこもしている）」と付け足して説明している。「何が悪い」と強がっている気持ちも入っている。

第34課 本文 あなたの国では？ ［日本人のジェスチャーについての説明文］
ねらい
- 日本人はどんなときにどんなジェスチャーをするかを知る。
- 日本人のジェスチャーの意味を読み取る。

読むまえに
- 日本人のジェスチャーの中でおもしろいと思ったものや気になったものなどを聞いてみる。

読んでから
- 学習者の国ではどんなジェスチャーがあるか、やってはいけない動作があるか紹介させる。
- 紹介されたお互いのジェスチャーについて、不思議に見えたり、不快に思ったりしたものがあれば、それを説明し合う。

留意点
- 文と絵だけでは本文に書かれたジェスチャーの正確な動作をイメージできない場合もあるので、教師が実際に動作をやって見せ、学習者の理解を助ける。

第35課 本文 自動販売機 ［数字情報を中心とする自動販売機についての説明文］
ねらい
- 販売機に関するデータを正しく読み取る。
- いろいろな情報の中から、必要な情報だけ読み取る。
- 販売機の功罪について考える。

読むまえに
- 日本でどんな販売機を見たことがあるか、どんな場所にあるかなど、販売機の実際の状況について学習者の知識や体験を話し合っておく。

読んでから
- 販売機の普及度について自国と日本の違いを聞いてみる。
- 販売機に関する工夫や、長所・短所について話し合う。また、販売機の普及による社会的な影響など、将来どうなっていくかについて話し合う。
- 販売機が意外にも古い歴史を持っていることを知り、その便利さに昔から気づいていたことなどを話し合う。

第35課 プラスアルファ ほんとうに自動販売機で売っているの？ ［変わった販売機についてのクイズと説明文］
- 意外な物が販売機で売られていることをクイズで楽しみながら知る。

第36課 本文 動物の目 ［動物の目の働きについて書かれた説明文］
ねらい
- 動物の目の働きと、それぞれの動物の目がどうしてその位置にあるのか、その理由を知る。

読むまえに
- 本文に出てくる動物の写真を用意しておく。ほかにもいろいろな動物の写真を用意しておくとよい。

読んでから
- 学習者の国の、ユニークな器官を持っている動物について話させる。
- 動物のある部分（目や口、歯、足、毛の長さなど）に注目させ、その働きやどうしてそのような形なのか考えてみる。

留意点
- ～によって違うのです

「～のです」は『みんなの日本語　初級Ⅱ　第2版　本冊』第26課学習文型「～んです」の書きことばで、ある理由によって生じた結果を示すときに使われることがある。
　　例：3時の飛行機に乗らなければなりません。それで、わたしは急いでいるのです。
ここでは、それまでに述べられている「遠くに動物がいても捕まえられるように」「木から木へ跳ぶとき失敗しないように」「草を食べていてもうしろの方まで見えるように」などの理由から、動物の目の位置が違うという結果になったことを言っている。

第37課　本文　55年かかってゴールインした日本人選手　[オリンピックに参加した日本人選手のエピソード]

ねらい
- オリンピックに参加した日本人選手のエピソードを読む。
- 出来事の推移を読み取る。

読むまえに
- 学習者がオリンピックについてどの程度知っているか聞いておく。
- オリンピックについての雑誌、写真などを用意しておく。

読んでから
- オリンピックの意義、現在のオリンピックのメダル競争、薬物使用、プロ選手の参加等の具体的トピックを提示して意見を言わせる。
- オリンピックにまつわるエピソード、個人的な思い出などを話させる。
- 資料「オリンピック」を読んで、オリンピックの成り立ち、発展などについて知る。

留意点
- どうして走れなくなったんですか
『みんなの日本語　初級Ⅱ　第2版　本冊』第36課で「動詞辞書形＋ようになります」を学習した。可能動詞や「わかります」「見えます」などの動詞が使われると、できない状態からできる状態へ変化することを表す。第36課では肯定表現しか学習しなかったが、否定表現（できる状態からできない状態への変化）は「動詞ない形＋なくなります」で表す。

第38課　本文　消したいもの　[文房具会社のアンケート結果の報告文]

ねらい
- アンケートの結果について書かれた報告文を読む。
- 日本人の性向、世代間の感じ方の違いなどを読み取る。

読むまえに
- アンケートに答えたことがあるか、どんなアンケートだったか聞いてみる。
- タイトルを見て、どんな内容を想像するか聞いてみる。

読んでから
- 学習者自身が「消したい」と思うものは何か、その理由も併せて話させる。あるいは、お互いに聞かせる。
- 日本人の男性、女性、子どもの答えと、学習者が予想する自国のそれぞれの人の答えを比較してみる。
- 「恥ずかしい」ことについての文化論的な比較をさせてもよい。

第38課　プラスアルファ　迷惑なことは？　[駅や電車での迷惑な行為についてのアンケート結果]

- アンケートの項目と数値からその傾向を読み取る。
- 学習者が迷惑だと感じるのはどんなことか話し合う。
- その他のテーマについて簡単なアンケートを作って、実施してみる。（例：日本でうれしかったこと、嫌なことなど）

なぞなぞ　[クイズ]

- ことば遊びを楽しむ。
- 学習者どうしでなぞなぞを出し合う。紙に書かせて、教師が読み上げて答えを考えさせてもよい。

第39課　本文　万次郎　[数奇な運命を生きた人の伝記]

ねらい
- 伝記を読む。
- 無人島からの生還、その後の人生の展開などのドラマを読み取る。

読むまえに
- 『みんなの日本語　初級Ⅰ　第2版　初級で読めるトピック25』第17課「江戸時代」を読み、江戸時代とはどんな時代であったかを知っておく。江戸時代は260年と長かったので、後期のころの世界の情勢を軽く紹介しておくとよい。
- 物語や映画で、あるいは事実として無人島に漂着した人を知っているかどうか、またその生活はどんなものだったか話し合う。

読んでから
- 万次郎はどんな人（性格、体格など）だったと思うか話し合う。

留意点
- 小さな村に男の子が生まれました
  『みんなの日本語　初級Ⅱ　第2版　本冊』第38課例文5．「宮崎さんに赤ちゃんが生まれたのを知っていますか。」と同じ用法で、ある所にある物の存在が現出したことを伝えている。
- 日本人が国の外へ出ることも、外国人が日本に入ることも禁止されていました
  第28課本文留意点参照。
- 日本人が国の外へ出ることも、外国人が日本に入ることも禁止していました
  「AもBも」のA、Bは名詞である。「動詞辞書形＋こと」は動詞が名詞化された形である。

第39課　プラスアルファ　読みましたか・見ましたか・聞きましたか　［本、映画、ニュースについての感想文］

- 感情を表す表現に接し、話し手の気持ちを感じ取る。
- 見た映画、読んだ本、聞いたニュースについて、『みんなの日本語　初級Ⅱ　第2版　翻訳・文法解説』p.89「気持ち」のことばを使って感想を述べてみる。

留意点
- どう変わるか楽しみにして見ていました
  これは「Nを楽しみにしていました」のNの部分に疑問文を組み込んだ形である。その場合、『みんなの日本語　初級Ⅱ　第2版　本冊』第40課で学ぶように、「疑問文」の述語は普通形になり、「～をV」の「を」は落とされることがある。

第40課　本文　常識　［昔からの常識についての意見文］

ねらい
- 意見文を読む。
- 常識とされることの成立事情を読み取る。

読むまえに
- 日本人の習慣、しきたりで何か驚いた経験があるかどうか聞いてみる。

読んでから
- 日本独特の常識と思われることを学習者に挙げさせ、それについて考えさせる。
  学習者が挙げられなければ、教師から具体的に示してそれについてどう思うか話させる。
- 自分の国の常識を発表させる。どうしてそういう常識が形成されたか理由も考えさせる。

留意点
- 「シャワーを浴びたり、おふろに入ったりしたらだめよ。」
  『みんなの日本語　初級Ⅱ　第2版　本冊』第26課でアドバイスをしたり、勧めたりする表現「～たらいいです」を学習した。「～たらだめ（いけない）」は「～たらいい」の反対の表現で、「しないように」アドバイスをしたり、勧めたりするときに使う。「～たらいい」については『みんなの日本語　初級Ⅱ　第2版　翻訳・文法解説』p.13-3．⑬参照。
- おふろに入らないほうがいいと信じていたからです
  この「～からです」は『みんなの日本語　初級Ⅰ　第2版　本冊』第9課で提出された「～から」と同様理由を表し、先に述べたことがらが成立する理由を付け加えるときに使う。
  「～からです」の「～」には普通形を用いる。
- おふろに入らないほうがいいと信じていたからです
  『みんなの日本語　初級Ⅰ　第2版　本冊』第21課で「～と思います」を学習。思考内容の引用は他の類似動詞（考える、信じる、etc.）でも同様の形式をとる。
- おふろに入ってはいけないと思うようになりました
  「～ようになる（習慣、慣習の変化）」については『みんなの日本語　初級Ⅱ　第2版　翻訳・文法解説』p.72-2［Note］参照。

第40課　プラスアルファ　だれでもできて健康にいい習慣、教えます　［健康法についての情報を箇条書きにした文］
・普通体、非過去形で書かれた箇条書き文を読む。
・健康維持のためにやっていることを話させる。
・一般に健康にいいと言われていることを何か知っているか聞いてみる。

　　　健康チェック　［健康度を測るチェックリスト］
・自分の健康度を知る。
・自分の生活の中で健康によくないと思われることはないか振り返ってみる。

第41課　本文　ロボットといっしょ　［高齢化社会に対応したロボットについての評論文］
　ねらい
・日本社会の高齢化に伴う様々なロボットの普及に関する説明と意見を含んだ文を読む。
・ロボットの機能とその普及した理由を理解する。
　読むまえに
・ロボットに関してどんなイメージを持っているか、何を連想するか聞いてみる。
・実際に使われているロボットの種類を挙げさせる。
・資料にあるもの以外のロボットの写真、鉄腕アトム、鉄人28号、ガンダムなどマンガやアニメのロボットの主人公の資料なども準備するとよい。
　読んでから
・ロボットに関する肯定的、否定的な意見を言わせる。ロボットの長所・短所についてディベートさせてもよい。
・資料を参考にどんなロボットが欲しいか、どんなロボットがあればいいか話させる。
・学習者の国と日本の社会の世代構成の変化及び老後の生活形態がどうなっているかを比較させる。
　留意点
・体が自由に動かなくなって／あまりけがをしなくなる
　それぞれ「動かない」＋「なります」、「けがをしない」＋「なります」で自由に体が動く状態から動かない状態に、けがをしやすい状態からしなくなった状態への変化を表している。
・一般に欧米ではロボットは人の職場を奪うものとして否定的な見方をされてきた（例：チャップリンの「モダンタイムズ」）が、日本人はロボットに肯定的な見方を持っていて、日本人のロボット好きについては「鉄腕アトム」がその元祖だと言われている。手塚治虫とともに紹介してみるのも学習者の興味を引くかもしれない。

第42課　本文　肉を食べると　［食生活がもたらす地球規模の問題についての解説文］
　ねらい
・食糧と地球環境に関する問題についての説明と意見を読む。
・多量な肉食が地球環境の破壊とエネルギーや食糧問題にどう結びついているかを知る。
　読むまえに
・どんな物をよく食べるか、好きな食べ物は何かなど食生活について聞いてみる。
・学習者の国における食生活の変化について聞いてみる。
　読んでから
・食糧の問題を解決するにはどんなことが考えられるか、話し合う。
・肉食のみならず、魚介類の多大な消費にはどんな問題があるかを考えさせてもよい。（マグロ、エビなどの世界一の消費国である日本やアメリカの市場を目当てにした乱獲や人工養殖によって自然の生態系に悪影響が出ている例もある。）
・世界で今問題になっていることを挙げさせ、その原因と対策を考えさせる。
　留意点
・9人に1人は
　この「に」は『みんなの日本語　初級Ⅰ　第2版　本冊』第11課の「1年に1回」の「に」と同様、基準となる期間や量、数を表す。ここでは世界中の人を9人ずつのグループに分けた場合、その9人の中に1人、すなわち世界人口の11％ほどということである。

第42課　プラスアルファ　地球はどうなる？　［環境問題のフローチャートクイズ］
- フローチャートから原因と結果の流れを読み取る。
- 現代人の常識となっている環境に関する語彙を知る。
- それぞれにどんな対策が必要か考えてみる。

留意点
- 地球から人が<u>いなくなる</u>
「いない」＋「なります」で、「いる」状態から「いない」状態への変化を表す。

あなたのエコロジー度は？　［環境問題に対する意識調査のアンケート］
- 環境問題に対する各自の意識・生活スタイルのレベルを知る。
- ほかにどんなことを心がけているか話す。
- 日常目にする無駄なことを挙げさせる。

第43課　本文　お元気ですか　［季節のあいさつに意見を添えたメール文］
ねらい
- メール文を読んで、書かれた季節及び発信者と受信者の関係を読み取る。
- 文中からそれぞれの筆者の意見や思いを読み取る。

読むまえに
- よくメールを利用するか、だれにどんなメールを送るか、パソコンメールとケータイメールを使い分けているかどうか聞く。
- ペットを飼っているか、どんなペットを飼っているかなどを聞いてみる。

読んでから
- 資料「タマ川？　アマゾン川？」を読み、学習者の国にも外来種の魚や動物、植物が入ってきているか、いたらそれには何か問題があるか、どんな問題があるか聞く。

留意点
- どうしてワニが日本の川にいる<u>のでしょうか</u>
『みんなの日本語　初級Ⅱ　第２版　本冊』第32課で学習した「タワポンさんは合格するでしょうか」と第26課の学習文型「どうして〜ん(の)ですか」を合わせて使った形で、理由を推測している。第33課本文留意点参照。
- 邪魔になった<u>からでしょう</u>
「〜からです」の「です」を「でしょう」にした形で、「〜」で述べた理由は100％断定するわけではなく、推量の範囲であることを示す。「〜からです」については第40課本文留意点参照。
- 健太<u>も</u>みき<u>も</u>大きくなったでしょう？
第28課本文留意点参照。
- 多摩川は今、タマゾン川と呼ばれる<u>ようになった</u>
第40課本文留意点参照。
- <u>いなくなる</u>かもしれないと心配されている
第42課プラスアルファ留意点参照。
- いなくなるかもしれない<u>と</u>心配されている
この「と」は引用の「と」である。「思う」の代わりに「心配する」が使われている。

第44課　本文カレー　［カレーの歴史についての説明文］
ねらい
- 日本の国民食と言われるカレーについて、その歴史と現在の位置づけを読み取る。
- 時代の変化とともに変わってきたカレーの実体とその変化の理由を読み取る。

読むまえに
- カレー食品の見本や、資料にないものの写真などを準備しておく。
- カレー料理や、カレーを使った食品について学習者の体験や知識を確認しておく。

読んでから
- 日本人が「カレー」や「カレーライス」と呼んでいるものが学習者から見てどんなものか、各国の食文化と絡めて話し合う。
- 日本料理の中のカレーについて印象を話し合う。
- 資料からカレーについてのさまざまな情報を読み取り、知識を増やす。

留意点
- いろいろな野菜も使われる<u>ようになりました</u>／食べる<u>ようになった</u>と言われています
  第40課本文留意点参照。
- 日本のカレーは日本料理<u>と言ってもいいでしょう</u>
  『みんなの日本語　初級Ⅰ　第2版　本冊』第15課で許可や許容を示す「～てもいい」を学んだが、ここの「～てもいい」は可能性を示し、「～ことができる」という意味を表す。「～でしょう」にはこのほかに話し手の判断をぼかして言う使い方がある。ここでは「～と言ってもいいです」と強く言い切らないで、「～でしょう」を加えて判断を和らげて述べている。

第44課　プラスアルファ　料理教室　[お好み焼きの作り方]
- 日本的な食べ物の典型の一つである「お好み焼き」の作り方を知る。
- 関東、関西、広島など地域的に異なる「お好み焼き」の差を説明してもよい。
- 辞書を用意し、語彙を補充しながら、自分の国の料理紹介をさせ、作り方を書かせる。

第45課　本文　119番に電話をかける　[万一の場合の心得について書かれた生活情報記事の文]
ねらい
- 緊急時に人はどういう反応をするか知り、緊急連絡するときの心得を知る。
読むまえに
- 自分や友達が急病になったり、事故に遭ったりしたことがあるか聞いてみる。
- 日本での緊急連絡の電話番号を知っているか聞いてみる。
読んでから
- 実際に緊急連絡メモを作らせる。
- いろいろな災害、緊急事態（地震、遭難、ハイジャックなど）の場合の心得について話し合う。『みんなの日本語　初級Ⅱ　第2版　翻訳・文法解説』p.35「非常の場合」が参考になる。

留意点
- 時間をむだにしてしまう場合<u>が</u>あります／非常の場合<u>に</u>うまく電話がかけられるように／火事の場合<u>も</u>、急に病気になった場合<u>も</u>
  『みんなの日本語　初級Ⅱ　第2版　本冊』第45課の文型「～場合は」の「場合」は名詞なので、「は」以外の助詞を伴って使うことができる。
- 火事の場合<u>も</u>、急に病気になった場合<u>も</u>、119番に電話する
  第28課本文留意点参照。
- 赤ちゃんがどうした<u>のか</u>、救急車はどこへ行けばいい<u>のか</u>
  この「～のか」は『みんなの日本語　初級Ⅱ　第2版　本冊』第26課の学習文型「～んですか」の書きことばである「～のですか」を文中に使うときの用法。

第45課　プラスアルファ　危ない！　[異文化情報のクイズ]
- 物事に対する言語反応の国による違いを知る。
- 学習者の国ではクイズの場面ではどんなことばを発するか、聞いてみる。
- 日本へ来てから、驚いたり、おもしろく思ったりした日本人の反応を挙げさせる。

留意点
- 日本人<u>の</u>友達
  「日本人である友達」の意味である。「日本人の」を所有の意味にとる学習者もいるので注意する。『みんなの日本語　初級Ⅱ　第2版　翻訳・文法解説』p.79-6参照。
- すごいスピード<u>で</u>
  この「で」は「はだしで歩く」「早口で話す」などの「で」と同じく、動作や動きの状態を表す。
- 何が危ない<u>のか</u>／どうして…言わなかった<u>のか</u>、不思議だと思いました
  第45課本文留意点参照。
- ミラーさんはどうして友達が「止まれ！」とか「ブレーキを踏め！」<u>とか</u>、言わなかったのか
  第32課本文留意点参照。
- それで、いろいろな場合<u>に</u>
  第45課本文留意点参照。

第46課　本文　いとこの長靴　[回想文]
ねらい
- 出来事の経緯を理解する。
- 子どもの気持ちの変化を読み取る。

読むまえに
- 迷子になったことがあるかどうか、聞いてみる。
- "お下がり"の習慣が学習者の国にもあるかどうか聞いてみる。

読んでから
- 子ども時代の出来事について話させる。

留意点
- 友達の健ちゃん
  「友達である健ちゃん」の意味である。第45課プラスアルファ留意点参照。
- いとこが大きくなって、はけなくなったので
  第37課本文留意点参照。
- その名前は僕が言ったのと違う
  この「の」は既出の名詞（ここでは「名前」）を受けたもので、名詞と同じように修飾される。
- その名前は僕が言ったと違う
  「AはBと同じだ」と同様にほかのものと比較して異なっていることを述べるときに比較の対象になっているものは「と」で表す。

第46課　プラスアルファ　俳句　[俳句の規則、名句の紹介]
- 季語を使って短い文に多くの意味を盛り込む「俳句」という文学形式に注意しながら優れた俳句を読み、日本語のリズムを感じ取る。
- 五・七・五のリズムが各種の標語などとして日常生活にも用いられていることを紹介する。
  「飛び出すな車は急に止まれない」「火の用心マッチ1本火事の元」
- 規則に従って、俳句を作らせてみる。

第47課　本文　空を飛ぶ自動車　[製品の説明文とデータ]
ねらい
- 新製品の機能とデータを読み取る。

読むまえに
- リニアモーターカーやセグウェイなど現代の新しい乗り物の名前を挙げさせる。学習者の国の独自の乗り物なども紹介させる。
- いろいろな乗り物の便利な点、不便な点を挙げさせる。

読んでから
- どんな乗り物があればいいか、アイデアを話し合い、その広告を作ってみる。
- それぞれの乗り物がこれからどんな発展を遂げるか考えてみる。
- 学習者が興味を持ち、パソコンの使用が可能なら、インターネットでスカイカーの資料を集めさせて、ほかにどんな種類のものがあるかなど報告させてみるのもおもしろい。

留意点
- 垂直に上がったり、下がったりできます
  『みんなの日本語　初級Ⅰ　第2版　本冊』第19課で代表的な動作を提示する「～たり、～たり」を学習したが、この「～たり、～たり」は2つの動作を繰り返すことを表している。「出たり、入ったり」「泣いたり、笑ったり」などの例が挙げられる。更に、「～たり、～たりします」の「します」の部分が「できます」になっている。

第47課　プラスアルファ　ほんとうにあるのは？　[おもしろ便利グッズの紹介]
- 商品の説明を読んで、ほんとうにある物かどうか考える。
- それぞれの長所、短所を考えてみる。
- どんな物があればいいか、アイデアを出させる。

留意点
- 地震や台風で橋が壊れた場合に
  第45課本文留意点参照。

第48課　本文　竹取物語　［日本の昔話］

ねらい
- 「物語の出で来始めの祖」と源氏物語にも書かれ、もっとも古い文学作品と言われている「竹取物語」のあらすじを読む。
- 話の流れ、人物の関係を読み取る。

読むまえに
- 日本の民話や昔話を知っているかどうか聞いてみる。知っていたら、簡単に紹介させる。
- 竹を知らない学習者には写真や図鑑を見せる。また、時代の風俗（十二単、牛車、家など）がわかるように竹取物語の絵本や紙芝居、または物の写真などを準備しておくとよい。

読んでから
- 学習者の国にも似たような話があるかどうか尋ね、あったら紹介させる。
- 竹取物語の紙芝居や絵本の絵を見せ、ストーリーを再構成させたり、登場人物のせりふを考えさせたりする。
- 資料を参考に月に関することわざや民話を紹介し合う。

留意点
- 泣く<u>ようになりました</u>
  第40課本文留意点参照。
- 天皇もかぐや姫が好きにな<u>り</u>、
  『みんなの日本語　初級Ⅰ　第2版　本冊』第16課で、動詞の「て形」で文をつなぐことを学習したが、書きことばやフォーマルなスピーチでは「ます形」でつなぐことが多い。
- 何も見え<u>なくなりました</u>
  第37課本文留意点参照。
- 「富士山」という名前になった<u>のです</u>
  この「～のです」は第36課本文留意点同様、それまでに述べてきた出来事の結果として、「富士山」という名前になったという結論を述べる機能を持っている。また、「だから、日本に富士山がある」という事実の背景も提示している。

第49課　本文　人生　［人生の節々に行われる改まったスピーチ文］

ねらい
- 冠婚葬祭の場でのフォーマルスピーチの型を知る。
- 尊敬表現の適切な使い方を知る。

読むまえに
- 学習者の国ではどんなときにスピーチをするか聞いてみる。
- 冠婚葬祭の場でどんなことをスピーチするか聞いてみる。
- もしあれば日本の伝統的な結婚式、葬式のビデオなどを見せるとおもしろい。

読んでから
- いろいろな機会を想定してスピーチを作ってみる。

留意点
- 新郎<u>の</u>宝田太郎さん／新婦<u>の</u>花子さん／デザイナー<u>の</u>花子さん
  第45課プラスアルファ留意点参照。
- 花子さんは1965年にニューヨークでお生まれにな<u>り</u>、／働きながら見たこと、考えたことをお書きにな<u>り</u>、
  第48課本文留意点参照。
- 話をなさっている<u>のでしょう</u>
  第33課本文留意点参照。

第49課　プラスアルファ　あいさつ状　［あいさつ状の定型］

- 年賀状、暑中見舞い、結婚式招待に対する出欠の返事、住所変更のお知らせなどの定型文を知る。
- いろいろなあいさつ状のサンプルを見せると、参考になるだろう。
- 学習している時期が夏に近ければ、暑中見舞状を、冬に近ければ、年賀状のパターンでもう少し内容を補充して書かせてみる。

留意点
- 出席させていただきます。
  「出席する」という自分の行為をへりくだって言うときは「出席いたします」を使うが、結婚式など

の招待を受けて、それを謹んで受けるという気持ちを表わすときは「～させていただきます」を使う。

第50課　本文　紫式部に聞く　[タイムマシンで現代にやってきた紫式部へのインタビュー]
ねらい
・尊敬、謙譲表現を使った丁寧なインタビューの応答文を読む。
・紫式部の経歴及びその作品について知る。
・タイムマシンという設定のおもしろさを楽しみながら読む。
読むまえに
・日本の昔の人で知っている人がいるかどうか聞いてみる。
・「源氏物語」の絵、マンガなどを見せ、あらすじを紹介し、「源氏物語」に興味を持たせる。
・平安時代の背景を紹介しておくとよい。
読んでから
・タイムマシンを使って現代に人を呼べるとすれば、だれを呼び出したいか、何を話したいかを話させる。
留意点
・いろいろな読み方ができるからだと思います
　第40課本文留意点参照。
・仕事を始めるまえから書いておりました
　『みんなの日本語　初級Ⅰ　第2版　本冊』第18課で「動詞辞書形＋まえに、～」を学習した。「動詞辞書形＋まえ」（「に」のない形）は名詞句である。この文は「に」の代わりに起点を表す「から」が後接した形である。
・働くようになってから
　第40課本文留意点参照。

第50課　プラスアルファ　お会いできて、うれしいです　[20世紀に他界した有名人のあの世での自己紹介]
・フォーマルな席での自己紹介のことば使いに接する。
・20世紀に世を去った有名人の写真や似顔絵を多めに準備し、知っているかどうか、何をした人か話す。
・学習者がなりたい有名人になって、自己紹介をし、お互いにだれか当てる。
・1行目の「20世紀に「こちら」へいらっしゃった」の「こちら」は「あの世」を指している。